Wacker
Basenfasten für Eilige

Sabine Wacker

Die Autorin interessierte sich von jeher für natürliche Heilweisen und bildete sich bereits vor ihrem Medizinstudium u. a. in den Bereichen Homöopathie, Akupunktur und Psychotherapie weiter. Um im naturheilkundlichen Bereich tätig werden zu können, ließ sie sich nach dem ersten Staatsexamen in Mannheim als Heilpraktikerin nieder. Zusammen mit ihrem Mann Dr. med. Andreas Wacker, Arzt für Homöopathie, praktiziert sie dort seit 1994. Sie spezialisierte sich auf Entgiftungstherapien, Fasten und Ernährungsberatung und entwickelte aufgrund langjähriger Praxiserfahrung gemeinsam mit ihrem Mann eine eigene Fastenmethode – das Basenfasten. Sie veröffentlichten bereits folgende Bücher: »Gesundheitserlebnis Basenfasten«, »Allergien: Endlich Hilfe durch Basenfasten«, »Basenfasten für Sie«; die Autorin verfasste das vorliegende Buch sowie »Basenfasten plus«, »In Balance mit Schüßler-Salzen«, »Ihr Einkaufsführer Basenfasten«, »Basenfasten: Das große Kochbuch« sowie »Basenfasten all'italiano«.

Basenfasten – die Wacker-Methode®

Sabine Wacker entwickelte gemeinsam mit ihrem Mann, Dr. med. Andreas Wacker, das Original-Basenfasten. Weitere Informationen finden Sie auf der Website von Sabine Wacker: www.basenfasten.de (Vorträge, Termine, Kursleiterausbildung zum Original-Basenfasten).

Sabine Wacker

Basenfasten für Eilige

Das 7-Tage-Erfolgsprogramm:
- Schnell und gesund abnehmen
- Die gute Laune behalten
- Fit bleiben in Beruf und Alltag

Inhalt

Basenfasten klappt auch im Alltag

Entsäuerung ist wichtig für die Gesundheit	10
Basenfasten ist 100% alltagstauglich	11
Basenfasten hilft bei vielen Krankheiten	12
Basenfasten-Basics	14
Motivation	14
Ernährung: 100% basisch	15
Genuss – eine Woche basisch genießen	16
Trinken	16
Darmreinigung	17
Bewegung	22
Erholung	24
Säurebildner sind tabu!	26
Basenfasten in Beruf und Alltag	30
Die »kleinen« Probleme des Alltags	30
Basenfasten unterwegs	33
Praktische Tricks gegen Säurefallen	35

Was ist »basische« Kost?

Basenfasten = Obst und Gemüse satt	40
Mineraliengehalt von basischen Nahrungsmitteln	41
Tipps zu Kauf und Zubereitung	43
Die Bedeutung der Jahreszeiten	43
Roh oder gekocht?	46
Frische Sprossen haben immer Saison!	47

Inhalt

Frisch gepresste Säfte – Luxus aus der Natur	48
Basenfasten und Fertigprodukte	49
Empfehlenswerte basische Fertigzubereitungen	49
Milchsauer Vergorenes – auch aus dem Glas	50

Tiefkühlkost – so gut wie ihr Ruf?	51
Mikrowelle – ja oder nein?	51
Basometer: Alle Basenfasten-Nahrungsmittel auf einen Blick	52

1 Woche Basenfasten

Die optimale Vorbereitung	68
Mindestens 2 Wochen davor: Termine machen	69
Eine Woche davor: Kaffeekonsum reduzieren	69
Der Tag davor	70
Erster Tag (Freitag)	76
Basics-Check	77
Zweiter Tag (Samstag)	79
Basics-Check	80
Dritter Tag (Sonntag)	82
Basics-Check	82

Vierter Tag (Montag)	84
Basics-Check	84
Fünfter Tag (Dienstag)	86
Basics-Check	86
Sechster Tag (Mittwoch)	88
Basics-Check	88
Letzter Tag (Donnerstag)	90
Basics-Check	90

Inhalt

Rezepte für Eilige

Fixe Frühstücksideen	96	Mittags im Büro	100
Schnelles für zwischendurch	99	Abends etwas Warmes	108

Wie geht es weiter?

Wie gut haben Sie entsäuert?	116
Messen Sie Ihre Entsäuerung	117
Ihre Urin-pH-Verlaufskontrolle	119
So erhalten Sie sich Ihren Erfolg!	122
Die Verlängerungswoche	124
Die Aufbautage	124

Regelmäßige Bewegung entsäuert	128
Entsäuernde Wasseranwendungen	128
Planen Sie jetzt schon Ihre nächste Basenfastenwoche	130
Bildnachweis und Bezugsquellen	131
Literatur	131
Register	132

Liebe Leser,

als ich vor einigen Jahren das Basenfasten entwickelte, war mein Hauptanliegen, Fasten zu einem Gesundheitserlebnis zu machen, das den Menschen Freude macht und ihr Interesse an einer gesunden Lebensweise weckt. Zwar kann das »klassische Fasten«, also der völlige Verzicht auf feste Nahrung für eine gewisse Zeit, ebenfalls einen Einstieg in eine gesündere Lebensweise darstellen, jedoch blenden viele Fastende dabei das Thema »Essen« einfach aus. Nach dem Fasten kehren sie dann wieder zu ihren alten Ernährungssünden zurück und schaffen es dadurch nicht, ihre Ernährungs- und Lebensweise grundlegend zu verändern.

So habe ich eine Fastenform entwickelt, bei der das Thema »Essen« nicht einfach ausgeblendet wird – und die trotzdem so effektiv ist wie Heilfasten: das Basenfasten. Beim Basenfasten ist Essen erlaubt – 3 bis 5 Mahlzeiten am Tag. Dadurch lernt der Fastende neue Essweisen und Rezepte kennen und setzt sich so automatisch mit einer gesünderen Lebensweise auseinander. Und das macht den meisten Menschen in mei-

nen Kursen so viel Spaß, dass sie genügend Motivation haben, ihr Leben nun allmählich zu verändern.

Ein weiteres Problem hört sich aus Sicht der Betroffenen etwa so an: »Fasten – dazu habe ich keine Zeit! Basenfasten mag ja vielleicht einfacher sein, weil man dabei was essen darf. Aber stundenlang in der Küche stehen und Gemüse schnippeln? Das kann's doch auch nicht sein.« Und hier kommt die Lösung: Es gibt basische Schnellgerichte und basisches Fastfood für Kochfaule! Hier kommt das Buch, das Ihnen hilft, Ihren »Ich-reiß-den-Kühlschrank-auf-und-stopf-mir-schnell-was-rein-Attacken« gelassen entgegenzutreten. Hier müssen Sie nicht jede einzelne Kartoffel abwiegen, Sie können Ihre Essmengen selbst bestimmen und dabei 3 bis 4 Kilo Gewicht pro Woche abnehmen – auf gesunde Weise.

Ich wünsche Ihnen viel Spaß und viel Erfolg dabei!

Sabine Wacker

Basenfasten klappt auch im Alltag

Sie wollten schon immer mal fasten und entschlacken – aber Sie haben einfach keine Zeit dazu? Ob Beruf oder Familie – das 7-Tage-Programm ist so aufgebaut, dass Sie es in ihre individuelle Alltagssituation einbauen können und dabei fit und leistungsfähig bleiben. Denn beim Basenfasten dürfen Sie essen – und zwar alles, was der Körper basisch verstoffwechseln kann: Obst, Gemüse, Kräuter und frische Keimlinge.

Basenfasten klappt auch im Alltag

Entsäuerung ist wichtig für die Gesundheit

Streichen Sie für 1 oder 2 Wochen die Säurebildner aus Ihrem Speiseplan – und Ihr Stoffwechsel wird aufatmen.

Um all unsere komplizierten körperlichen Funktionen aufrechtzuerhalten, gibt es eine Reihe von Regulierungsmechanismen, die ständig im Einsatz sind. Einer dieser Mechanismen ist der Säure-Basen-Haushalt. Ist dieser im Gleichgewicht, dann ist eine ernsthafte chronische Erkrankung im Prinzip nicht möglich. Keine mir bekannte chronische Erkrankung – sei es eine Allergie, Rheuma oder eine Krebserkrankung – hat sich je in einem gesunden Säure-Basen-Haushalt abgespielt. Jahrzehntelange Erfahrungen in vielen Naturheilkundepraxen haben gezeigt, dass die meisten chronischen Erkrankungen mit einer Übersäuerung des Körpers einhergehen.

Zwar ist jeder Mensch hin und wieder kurzfristig übersäuert – wenn er etwa nach einer stressigen Zeit mit Schnupfen oder Kopfschmerzen reagiert. Das sind vorübergehende Stressreaktionen des Körpers, die völlig normal zum Leben gehören. Problematisch wird es erst, wenn eine Übersäuerung bleibt, wenn sie chronisch wird. Wenn Sie unter Pollenallergien leiden, dann sind Sie chronisch übersäuert. Woher kommt die Übersäuerung? Neben Dauerstress ist falsche Ernährung die Hauptursache für die chronische Übersäuerung – und der gilt es, entgegenzuwirken.

Eine ausgewogene Ernährung, die den Säure-Basen-Haushalt ausgleicht, ist die beste Gesundheitsgarantie. Wenn Sie sich aber, wie so viele Menschen, »ganz normal« ernähren, dann sind Sie davon weit entfernt: »Normale« Kost ist Zivilisationskost und die besteht zu 80 bis 100% aus Säurebildnern: Wurst, Fleisch, Fisch, Käse, Weißmehlprodukte, Süßigkeiten, Kaffee, Alkohol, Limonaden... Da wir uns alle eher »normal« ernähren, sind die meisten Menschen in den Zivilisationsländern chronisch übersäuert, was die Krankheitsstatistiken belegen.

▪ Optimal wäre es, wenn die tägliche Nahrung aus 80% Basenbildnern bestehen würde, also Obst und Gemüse.

10

Entsäuerung ist wichtig für die Gesundheit

Basenfasten ist 100% alltagstauglich

Beim Basenfasten dürfen Sie ganz normal essen – Sie lassen lediglich alle säurebildenden Nahrungsmittel weg. Dadurch arbeitet Ihr Stoffwechsel unverändert weiter, aber die Belastungsfaktoren fallen weg. So wird der Körper automatisch entschlackt, entsäuert und entgiftet. Im Vergleich zum traditionellen Heilfasten wird Ihr Organismus beim Basenfasten wesentlich weniger strapaziert, so dass es kaum zu Heilkrisen kommt.

▪ Basenfasten können Sie ohne Probleme neben Ihren beruflichen Aktivitäten durchführen und weiterhin Ihren sportlichen Hobbys nachgehen – Sie bleiben fit und leistungsfähig.

Zahlreiche Erfahrungen in der Praxis des Basenfastens haben gezeigt, dass es genügt, für eine begrenzte Zeit alle sauer wirkenden Nahrungsmittel aus dem Speiseplan zu entfernen, um einen deutlichen Entschlackungseffekt zu erzielen.

Wenn Sie sich jahrelang von zu viel Säurebildnern ernährt haben, dann hat Ihr Körper die überschüssigen Säuren, die er nicht mehr ausscheiden konnte, im Körper zwischengelagert, bis er die Möglichkeit hat, sie auszuscheiden. Zwischenlagerstätten sind beispielsweise das Bindegewebe, wodurch die gefürchtete Orangenhaut entsteht; auch in den Gelenken werden Säuren abgelagert, was zu Gicht, Arthrose und Gelenkentzündungen aller Art, auch Rheuma, führt. Solange Sie immer noch zu viele Säurebildner zu sich nehmen, bleiben diese Säureüberschüsse im Körper und stören ihn bei seinen täglichen Stoffwechselarbeiten. So können Säureablagerungen im Bindegewebe auch hormonelle Störungen bewirken, was dann zu Zyklusstörungen, prämenstruellem Syndrom oder zu verstärkten Wechseljahresbeschwerden führen kann. Auch Migräne ist eine mögliche Folge solcher gestörter Stoffwechselprozesse. Erst wenn die Säurezufuhr mit der Nahrung unterbrochen wird, können überschüssige Säuren den Körper wieder verlassen. Das geschieht beim Fasten sehr heftig, beim Basenfasten in wesentlich milderer Form.

Hinweise auf eine Übersäuerung

▪ Cellulite
▪ Gicht, Arthrose, Gelenkentzündungen, Rheuma
▪ Zyklusstörungen, PMS, starke Wechseljahresbeschwerden
▪ Migräne, Kopfschmerzen
▪ Akne, Hautunreinheiten

Basenfasten klappt auch im Alltag

Basenfasten hilft bei vielen Krankheiten

Wenn chronische Erkrankungen stets mit einer Übersäuerung einhergehen, dann ist eigentlich klar, dass Entsäuerung ein Weg in Richtung Gesundheit ist. Tatsächlich ist es so, dass wir ständig von Basenfastenden Erfolgsberichte erhalten – und die erstaunen uns manchmal selbst. Nach einigen Jahren Erfahrung mit Basenfasten kann ich sagen, dass es im Grunde bei allen chronischen Erkrankungen hilfreich ist. So hilft Basenfasten bei Allergien, Rheuma, Neurodermitis, Asthma, Migräne, Wechseljahresbeschwerden, Magen-Darm-Erkrankungen, Verstopfung, chronischen Nasennebenhöhlenentzündungen, Infektanfälligkeit und sogar bei chronischen Nierenerkrankungen. Beispielsweise drohte man einer meiner Patientinnen bereits die Dialyse als nächsten Behandlungsschritt an. Nach einigen Monaten Basenfasten und anschließender Ernährungsumstellung ist seit einem Jahr von Dialyse keine Rede mehr, denn ihre Nierenwerte haben sich fast normalisiert. Auch bei Hautproblemen, insbesondere bei Akne, ist Entsäuerung mit Basenfasten ein Geheimtipp. Wer Probleme mit seiner Regelblutung oder mit den Wechseljahren hat, hat mit Basenfasten eine sanfte Therapie an der Hand.

GUT ZU WISSEN

Abspecken mit Basenfasten

Wer übergewichtig ist und mehr als 4 bis 6 kg Gewicht abnehmen möchte, hat mit Basenfasten eine hervorragende Methode an der Hand, sein Gewicht dauerhaft zu reduzieren. Die vielen positiven Erfahrungen in der Praxis haben gezeigt, dass gerade die Ernährungsumstellung, die hinter dem Konzept Basenfasten steckt, wesentlich zum Erfolg beiträgt.

Eine dauerhafte Gewichtsabnahme erfordert zunächst eine Verlängerung des 7-Tages-Programms um 1 bis 4 Wochen. Danach wird die Ernährung nach der 80 : 20-Regel auf überwiegend basisch umgestellt. Ein tägliches Bewegungsprogramm von 30 bis 45 Minuten

▲ Basenfasten lässt Pfunde purzeln!

rundet das Programm ab – und so purzeln die Pfunde nach und nach.

Entsäuerung ist wichtig für die Gesundheit ◄

Brauche ich eine Entsäuerung?

Wenn Sie im folgenden Fragebogen mehr als fünfmal Ihr Kreuz bei Ja abgegeben haben, weist Ihr Körper deutliche Hinweise auf eine Übersäuerung auf. Eine Woche Basenfasten mit basenbildenden Nahrungsmitteln, Bewegung und Erholung stabilisiert Ihre Gesundheit. Jedoch sollten Sie bereits bei einem Ja überlegen, ob Ihre Ernährung und/oder Lebensweise Sie »sauer« macht, was auf Dauer zu Lasten der Gesundheit geht. Bauen Sie einfach mehr Basenbildner in Ihre Ernährung ein, schränken Sie Genussgift ein und versuchen Sie, Stress abzubauen.

	Ja	Nein		Ja	Nein
Haben Sie mehr als zweimal im Jahr eine »Erkältung« oder einen sonstigen Infekt der Atemwege?	○	○	Haben Sie Osteoporose?	○	○
Leiden Sie unter Pickeln, Akne oder Hautunreinheiten?	○	○	Haben Sie mehr als dreimal in der Woche Verdauungsbeschwerden wie Blähungen, Völlegefühl, Durchfall, Verstopfung?	○	○
Haben Sie oft kalte Füße, auch wenn es gar nicht kalt ist?	○	○	Haben Sie mehr als einmal in der Woche Rücken- oder Gliederschmerzen?	○	○
Fühlen Sie sich häufig müde und abgeschlagen?	○	○	Sind Ihre Augenlider jeden Morgen verquollen?	○	○
Ist Ihre Haut blass?	○	○	Haben Sie öfters Wasseransammlungen an Händen und Füßen?	○	○
Haben Sie dunkle Schatten um die Augen?	○	○	Leiden Sie unter chronischen Entzündungen, beispielsweise des Zahnfleischs oder der Nasennebenhöhlen?	○	○
Sind Ihre Wangen zeitweise flammend rot?	○	○	Leiden Sie unter Kopfschmerzen oder Migräne?	○	○
Haben Sie Cellulite?	○	○			
Haben Sie Übergewicht?	○	○			

TESTEN SIE SELBST

Basenfasten klappt auch im Alltag

Basenfasten-Basics

Die folgenden Grundlagen helfen dabei, dass Ihre Basenfastenwoche ein voller Erfolg wird.

Basenfasten ist eine Umdenkwoche und stellt damit die Weichen für eine anschließende gesundheitsbewusstere Ernährungs- und Lebensweise. Worauf es dabei ankommt, zeigen Ihnen in Kurzform die hier aufgeführten Basenfasten-Basics. Diese Basics begleiten Sie durch das 7-Tage-Programm:

Wenn Sie diese Basics während des 7-Tage-Basenfasten-Programms berücksichtigen, dann ist Ihnen der Erfolg garantiert. Wenn Sie jedoch Teile der Basics wegfallen lassen – beispielsweise die Darmreinigung, weil Sie dazu keine

Basenfasten-Basics
- Motivation
- Ernährung: 100% basisch
- Genuss
- Trinken
- Darmreinigung
- Bewegung
- Erholung

Lust haben oder weil sie Ihnen zu umständlich erscheint –, dann vermindert sich der Entsäuerungseffekt erheblich.

Motivation

Motivation ist das Wichtigste, wenn Sie mit Erfolg Basenfasten durchführen möchten – dazu ist Freiwilligkeit Voraussetzung.

- Nicht Basenfasten *müssen*, sondern Basenfasten *wollen*.

Wenn Sie sich freiwillig zu einer Woche Basenfasten entschließen, dann sind Sie schon motiviert. Meist reicht die Motivation für die ganze Woche, häufig auch für eine weitere Woche Basenfasten. Es ist dennoch sinnvoll, sich jeden Tag selbst aufs Neue zu motivieren. Wie geht das? Überlegen Sie sich genau, warum Sie gerade jetzt etwas für Ihre Gesundheit tun wollen. Wollen Sie ein paar Pfunde purzeln lassen, wollen Sie die Frühjahrsmüdigkeit überwinden? Was genau ist Ihre Einstiegsmotivation? Beginnen Sie jeden Basenfastentag mit einem Motivations-Check.

Basenfasten-Basics ▶

Und wenn Sie einmal gar nicht motiviert sind? Besinnen Sie sich auf Ihre ursprüngliche Motivation, versprechen Sie sich eine Belohnung (»Heute abend gehe ich in die Sauna«, »Für morgen lasse ich mir einen Massagetermin geben«, »Am Wochenende gehe ich ins Römisch-Irische Dampfbad«…). Vielleicht haben Sie auch auf andere basische Gerichte Appetit als auf die, die Sie ausgewählt haben? Wie auch immer: Gut motiviert ist schon die halbe Miete.

Ernährung: 100 % basisch

Dieses Basic ist ein absolutes Muss. Durch die 100% basische Kost kommt es zur optimalen Entsäuerung und dadurch unterscheidet sich Basenfasten von all den Säure-Basen-Diäten, die auf dem Markt sind. Basenfasten ist 100% basenbildend – ohne Kompromisse: Alle Nahrungsmittel, die Sie zu sich nehmen, bilden im Körper Basen oder reagieren neutral, wie Wasser oder Pflanzenöle. Durch den völligen Verzicht auf Säurebildner wird eine Mobilisierung der abgelagerten Säuren erreicht, die dann durch hohe Trinkmengen und regelmäßige Darmreinigung ausgeschwemmt werden. Je genauer Sie sich daran halten, umso größer ist Ihr Erfolg. Das Basometer ab Seite 53 zeigt Ihnen, welche Lebensmittel 100% Basen bilden und für Basenfasten geeignet sind. Die 100% basischen Rezepte in diesem und unseren anderen Büchern liefern Ihnen jede Menge Ideen und passen in jede Lebenssituation.

◀ Basenfasten heißt 100% Gemüse, Kräuter und Obst.

Basenfasten klappt auch im Alltag

Genuss – eine Woche basisch genießen

Unter diesem Motto starteten wir vor einigen Jahren unseren ersten Basenfastenkurs in der Praxis. Und das hatte einen Grund: Ich war es leid, die sauren Gesichter der Menschen zu sehen, die meinen, sobald sie etwas Gesundes essen, schmeckt es nicht und jede Lebensfreude wird ihnen genommen. Dass dem nicht so ist, haben inzwischen Tausende von Menschen erfahren, die anhand unseres ersten Buches »Gesundheitserlebnis Basenfasten« genussvoll etwas für ihre Gesundheit getan haben.

Genießen Sie basisch: Richten Sie die Gerichte auf schönen Tellern appetitlich an – ein hingeklatschter Salat schmeckt nie so gut. Sorgen Sie für ein angenehmes Ambiente: Decken Sie den Tisch schön, zünden Sie eine Kerze an, essen Sie nur mit netten Leuten. Wie wär's mit einem basischen Candlelight-Dinner? Probieren Sie es aus. Gehen Sie neue Wege für Ihre Gesundheit und für Ihr Wohlfühlen.

Trinken

Es ist wichtig, dass Sie viel trinken! Trinken durchspült die Lymphe und die Nieren und nur so können unerwünschte Stoffe den Körper auch verlassen. Wasser schmeckt wie eingeschlafene Füße, meinen Sie? Dann sind Sie noch kein Wassergourmet – immerhin gibt es in den besten Hotels in New York bereits Wassersommeliers, die um die 100 verschiedene Wasser geschmacklich beurteilen können. Auch Sie werden feststellen, dass sich nach einigen Tagen Basenfasten Ihr Geschmacksempfinden verändert und Wasser plötzlich sehr unterschiedlich schmeckt.

Das sollten Sie während des Basenfastens trinken

Empfohlen wird eine Trinkmenge von 2,5–3 Liter pro Tag. Am besten werden die Nieren durchspült, wenn Sie ein reines Quellwasser trinken. Das gibt es – außer an Quellen – in zum Teil hervorragender Qualität auch zu kaufen. Die entgiftende Wirkung von Wasser ist, wie Untersuchungen ergeben haben, sehr unterschiedlich. Abgefüllte Quellwasser, die besonders gut ausschwemmend wirken, sind Lauretana, Mont Roucous und Plose Wasser.

Basenfasten-Basics ▶

Wichtiges über Tees

Folgende Fertigtees empfehle ich fürs Basenfasten:

- Morgengruß, Kräutertraum und Abendtraum von Lebensbaum (Naturkostladen)
- Everstaler 24 Kräutertee (Reformhaus)
- Basen-Balance-Tee von Salus (Reformhaus)
- Guten-Morgen-Tee von Sonnentor (Naturkostladen)

Verzichten Sie jedoch bitte auf reinen Pfefferminztee, auch auf verdünnten, denn er führt in größeren Mengen zu Blähungen und Bauchschmerzen. Eine Teemischung mit Pfefferminztee schadet nichts. Trinken Sie keine Mischungen aus Früchten, Roiboos, Aromastoffen und dergleichen. Früchtezusätze reagieren im Organismus sauer, Aromastoffe irritieren die Geschmacksnerven und Roiboos kann, in großen Mengen getrunken, den Kreislauf schwächen.

GUT ZU WISSEN

Auch warm oder heiß wirkt Wasser durchspülend. Im Ayurveda ist es üblich, täglich heißes Wasser in größeren Mengen zu trinken. Besonders ein Glas heißes Wasser am frühen Morgen gleich nach dem Aufstehen regt die Verdauungstätigkeit an.

Eine weitere Möglichkeit, die erforderlichen 2,5–3 Liter zu erhalten, ist das Trinken von stark verdünnten Kräutertees. Als Teesorten kommen alle Kräutermischungen in Frage, die wirklich nur aus einheimischen Kräutern ohne Zusätze bestehen. Wenn Sie während der Basenfastenwoche einen speziellen Heiltee trinken möchten, wie beispielsweise Brennnesseltee oder Entschlackungstee, dann trinken Sie bitte pro Tag immer nur eine oder zwei Tassen davon, weil die Heilwirkung der Tees sonst zu stark wird.

Darmreinigung

Für viele das befreiendste Erlebnis während des Fastens: Die Reinigung des Darmes. Was hat es damit auf sich? Die wenigsten Menschen wissen, in welchem Zustand sich ihre Verdauungsorgane befinden. Nur weil Sie jeden Tag Stuhlgang haben, heißt das noch lange nicht, dass Ihr Darm sich deshalb optimal entleert. Die meisten Därme sind träge und entleeren sich nicht vollständig, so dass Reste im Darm im Laufe der Zeit zu Ablagerungen und Verklebungen an den Darmwänden führen. Grund dafür ist falsche Ernährung, Überernäh-

17

Basenfasten klappt auch im Alltag

▲ Die Darmreinigung beim Basenfasten befreit von innen.

rung und Bewegungsmangel. Wenn Sie sich nun eine Woche zu 100% von Obst und Gemüse ernähren, lösen sich diese Ablagerungen noch nicht. Durch Basenfasten wird die Zufuhr von Säurebildnern gestoppt – aber der Stoffwechsel steht nicht still. Der Stoffwechsel wird zwar durch Basenfasten angeregt, bereits eingelagerte Säuren zu mobilisieren, jedoch müssen sie noch ausgeschieden werden. Und da bietet sich der Darm als größtes Ausscheidungsorgan an. Während der Basenfastenwoche ist es empfehlenswert, den Darm alle zwei bis drei Tage zu reinigen. Dabei ist er auf ein wenig Nachhilfe angewiesen:

- mit Glaubersalz,
- mit Einläufen oder
- mit Colon-Hydro-Therapie.

Was passiert, wenn Sie dieses Basic einfach unter den Tisch fallen lassen? Es wird Ihnen vermutlich so gehen, wie jenen Kursteilnehmern, die jede Menge Gemüse gegessen und den Darm dabei nicht ein einziges Mal gereinigt haben: Sie leiden an Blähungen. Warum ist das so? Stellen Sie sich vor, Sie ernähren sich seit Jahren von Säurebildnern, die Ihren Darm träger gemacht haben. Nun essen Sie plötzlich 100% basisch und regen damit Ihren Stoffwechsel an, die Entsäuerung anzukurbeln. Da treffen in Ihrem Darm zwei Welten zusammen, das basische Gemüse kann nicht schnell genug verstoffwechselt werden, weil noch zu viel Halbverdautes im Darm herumliegt. So ein Chaos lieben die Darmbakterien und mischen kräftig bei der Verdauung mit: Das nennt man Gärung. Und das Ergebnis kennt jeder: Blähungen. Beachten Sie dieses Basic und Sie werden sich wohler fühlen.

- Wenn Sie über Methoden, den Darm zu reinigen, bereits Bescheid wissen und »Ihre« Methode gefunden haben, erfahren Sie auf Seite 25 mehr über die Entsäuerung durch Körperreinigung, beispielsweise durch Wasseranwendungen.

Darmreinigung mit Glaubersalz

Wer schon einmal gefastet hat, der kennt das »Glaubern« – die Darmentleerung mit Glaubersalz. Glaubersalz ist

Basenfasten-Basics

Natriumsulfat (Natrium sulfuricum) und in allen Apotheken erhältlich. Es gibt Menschen, die schwören auf Glaubersalz; wenn Sie den Geschmack von Glaubersalz jedoch nicht mögen, dann können Sie in der Apotheke auch Bittersalz kaufen – es wirkt genauso gut, schmeckt aber ein wenig anders.

Wenn Sie sich für Glaubersalz als Darmreinigungsmethode entscheiden, dann beachten Sie bitte unbedingt Folgendes: Legen Sie den Zeitpunkt Ihrer ersten Einnahme unbedingt so, dass Sie die folgenden Stunden keine wichtigen Termine haben und immer in der Nähe einer Toilette sind – wenn die Wirkung des Salzes einsetzt, gibt es kein Aufschieben mehr. Nach welcher Zeit die Wirkung eintritt, ist jedoch sehr unterschiedlich. Nehmen Sie das Glaubersalz beispielsweise am Freitagabend ein, wenn Sie am Samstag frei haben.

So wird's gemacht: Lösen Sie 40 g Glaubersalz in $^1/_2$ l Wasser auf, geben Sie etwas Zitronensaft dazu und trinken Sie die Lösung langsam. Danach mildert reichlich Wasser oder Kräutertee den Salzgeschmack. Nun sollte innerhalb der folgenden 1–3 Stunden eine gründliche Darmentleerung erfolgen. Wenn sich nach 8–12 Stunden noch nichts getan hat, dann können Sie die Einnahme wiederholen, aber auch einen Einlauf machen.

- Glaubersalz reizt die Darmschleimhäute und sollte von Menschen mit empfindlichem Darm nicht genommen werden.

▲ Zitrone mildert den bitteren Geschmack von Glaubersalz.

Darmreinigung mit Einläufen

Diese Darmreinigungsmethode ist für Eilige besonders gut geeignet, denn hier bestimmen *Sie* den Zeitpunkt Ihrer Darmreinigung. Wenn Sie sich entscheiden, am Freitagabend einen Einlauf zu machen, dann wissen Sie genau, dass Ihr Darm im Laufe der nächsten Stunde entleert wird.

So wird's gemacht: Der Einlauf wird mit einem Irrigator durchgeführt, den Sie in

Basenfasten klappt auch im Alltag

einer Apotheke kaufen können. Irrigatoren gibt es beispielsweise von der Firma Oros, als Plastikbehälter oder als faltbaren Reiseirrigator.

Legen Sie ein Handtuch auf den Boden Ihres Badezimmers. Füllen Sie den Irrigator mit 2 Liter Wasser, Temperatur ca. 36 °C. Fetten Sie das Einführrohr mit etwas Vaseline oder einer anderen unparfümierten Fettcreme ein. Legen Sie sich in Seitenlage auf das Handtuch, führen Sie das Einführrohr wenige Zentimeter in den After ein und öffnen Sie den Zulaufhahn des Irrigators. Das Wasser läuft nun langsam vom Enddarm aus in den gesamten Dickdarm.

Wenn Sie zum ersten Mal einen Einlauf machen, kann es sein, dass Sie bereits nach wenigen Milliliter Wasser einen Entleerungsdruck verspüren. Das ist normal, denn der Darm reagiert beim ersten Mal meist etwas verkrampft. Wenn Sie das Gefühl haben, dass der Druck auf die Darmwand zu stark wird und Sie das Wasser nicht mehr halten können, dann geben Sie diesem Druck nach und gehen Sie auf die Toilette. Sobald die erste kleinere Entleerung des Darmes stattgefunden hat, können Sie mit einer weiteren Füllung des Darmes mit Wasser beginnen. Manchmal sind zwei, drei oder mehr Füllungen nötig, bis der Darm richtig entleert ist. Die ideale Füllmenge für einen Einlauf beträgt 2–3 Liter!

Sie können Ihren Darm nun unterstützen, indem Sie ihn vom Blinddarm ausgehend leicht in streichenden Bewegungen bis zum Enddarm massieren. Wenn Sie Yoga beherrschen, können Sie, wenn der Darm viel Wasser aufgenommen hat, die Yogaübung »die Kerze« machen und die Stellung einige Minuten beibehalten. Durch diese Übung gelangt das Wasser in die unteren Dickdarmabschnitte, so dass auch diese gereinigt werden.

■ Machen Sie bitte keine Zusätze in das Einlaufwasser! Wasser ist das beste Reinigungsmittel.

Darmreinigung mit Colon-Hydro-Therapie (CHT)

Die CHT ist eine moderne und hygienische Form des Einlaufs und sozusagen der Mercedes unter den Darmreinigungsmethoden. Warum? Sie müssen sie nicht selbst durchführen. Sie müssen nicht alleine entscheiden, ob der Darm nun richtig entleert ist oder nicht. Sie erhalten außer der Darmspülung auch eine gründliche Darmmassage. Und: Die CHT ist die effektivste Methode, den Darm zu reinigen. Wenn man bedenkt, dass der Darm die größte Grenzfläche

Basenfasten-Basics

des Körpers ist – die Gesamtfläche des Darmes beträgt 300 bis 500 m² –, dann wird schnell klar, wie groß dieser Reinigungseffekt ist.

- In Deutschland gibt es zur Zeit rund 1 000 Ärzte und Heilpraktiker, die Colon-Hydro-Therapie durchführen.

So wird's gemacht: Der Patient liegt bequem in Rückenlage auf einer Behandlungsliege. Über ein geschlossenes System (mit sterilem Einmaleinführbesteck) fließt warmes, filtriertes Wasser in den Darm und der Darminhalt wird durch einen Abflussschlauch geruchfrei ausgeleitet. Der Therapeut ist während der gesamten Spüldauer (35 bis 50 Minuten) anwesend, bedient das Gerät und führt die Darmmassage aus.

Die Behandlung beginnt mit einer so genannten Füllphase, bei der vom Behandler Wasser in den Dickdarm gespült wird. Der Behandlungsdruck wird dabei ständig überwacht. Nach der Füllphase wird der Darm mit oder ohne Massageöl massiert. Die Behandlungstemperatur beträgt grundsätzlich 36–37 °C, entsprechend der Normaltemperatur des Darmes. Ist ein Darm in seinen Reaktionen sehr träge, kann der Therapeut die Temperatur für kurze Zeit um 2–5 °C erniedrigen, um einen »Kneipp-Effekt« zu erzielen.

Der Behandlungsdruck liegt meist bei 50 Millibar, wird aber je nach Empfindlichkeit des Patienten individuell eingestellt. Durch den Wasserdruck wird ein leichter Massageeffekt erzeugt, der durch die Bauchmassage des Therapeuten noch verstärkt wird. So wird der Darm zur Entleerung angeregt und es lösen sich selbst Kotreste, die viele Jahre alt sind. Sind erst einmal alle Kotreste draußen, können die Darmwände wieder aufatmen und das Darmabwehrsystem, das sich in und an den Darmwänden befindet, wird wieder leistungsfähig. So werden alte Ablagerungen entsorgt und gleichzeitig der Stoffwechsel und das Immunsystem angeregt.

▼ Die CHT wird durch eine Bauchmassage unterstützt.

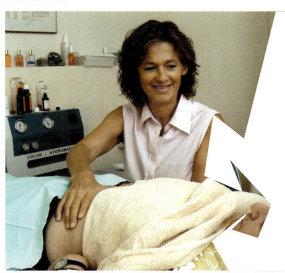

Basenfasten klappt auch im Alltag

Die meisten Menschen fühlen sich nach dieser Behandlung richtig »befreit« und berichten von körperlichem und seelischem Wohlbefinden. Denn bei der Colon-Hydro-Therapie wird mehr als nur Darminhalt losgelassen. Diese tiefgreifende Darmreinigung scheint auch emotionale Ablagerungen zu lösen, so dass Lachen, Weinen oder Wutanfälle keine Seltenheit sind. Ein erfahrener Therapeut unterstützt den Patienten dabei gezielt durch Atemtherapie oder durch ein therapeutisches Gespräch.

Begleitend zum Basenfasten empfehle ich meinen Kursteilnehmern, drei bis vier Sitzungen à 40 Minuten durchführen zu lassen. Eine tiefenwirksame

Grundreinigung des Darmes erfordert mindestens sechs Spülungen – bei chronischen Erkrankungen können auch 10 oder mehr Sitzungen nötig sein.

Bei sachgemäßer Anwendung ist die Colon-Hydro-Therapie völlig ungefährlich, jedoch ist sie für Schwangere und Stillende sowie für Menschen mit schwerem Verlauf bestimmter chronischer Erkrankungen nicht geeignet. Wichtig ist, dass vor der Behandlung ein ausführliches Gespräch stattfindet und dass Sie Ihren Therapeuten über alle Ihre Vorerkrankungen und Erkrankungen informieren, so dass er das Risiko abschätzen kann.

Bewegung

Die meisten meiner Kursteilnehmer nehmen sich so umfangreiche Bewegungsprogramme vor, dass sie diese im Alltag niemals realisieren können. So ist wandern gehen ein schöner Vorsatz, erfordert aber stets mehrere Stunden Zeit, womit es für Berufstätige höchstens einmal die Woche in Frage kommt – wenn überhaupt. Entscheiden Sie sich doch lieber für eine Bewegungsart, die Sie zu Hause oder um die Ecke durchführen können, die keine stundenlange Vorbereitung erfordert und die nicht länger als 30 oder 45 Minuten Ihrer kostbaren Zeit beansprucht: Joggen,

Walken und Laufen sind solche Tätigkeiten.

■ Wenn Sie bereits ein Bewegungsprogramm gefunden haben, das zu Ihnen passt, lesen Sie einfach weiter bei »Erholung«, Seite 24.

Sehr hilfreich kann es sein, sich mit einem Freund oder einer Freundin zum täglichen Bewegungsprogramm zu verabreden. Aber Achtung: Die Terminkalender von zwei stressgeplagten Menschen auf einen Nenner zu bringen ist oft gar nicht so einfach und so haben

Basenfasten-Basics

Sie am Ende womöglich eine gute Ausrede, warum es mit dem täglichen Bewegungsprogramm nicht richtig geklappt hat. Am besten ist es, Sie planen das Bewegungsprogramm in Ihren Alltag so ein, wie es auch wirklich realisierbar ist. Wenn Sie beispielsweise abends erst spät nach Hause kommen, macht es wenig Sinn, größere Vorhaben wie Schwimmen oder Sportstudio einzuplanen. Stehen Sie lieber eine Stunde früher auf und gehen Sie vor der Arbeit walken oder joggen. Das hat den Vorteil, dass man schon Sauerstoff getankt hat und richtig wach geworden ist. Ob Sie sich nun morgens oder abends bewegen, ist Ihnen und Ihren individuellen Bedürfnissen überlassen. Wichtig ist, dass Sie sich regelmäßig bewegen und das möglichst an der frischen Luft.

- Täglich 30 bis 45 Minuten körperliche Bewegung sind ideal.

Eine andere Art der körperlichen Betätigung sind Yoga, Tai Chi und Qigong. Der Vorteil dieser Techniken ist, dass hierbei automatisch die Atmung mitberücksichtigt wird und der Geist zur Ruhe kommt. Dabei werden der Stoffwechsel, die Durchblutung und alle Körperfunktionen harmonisiert – eine umfassende und ganzheitliche Wirkung also. Noch tiefgreifender, wenn auch ohne direkte körperliche Bewegung, ist Meditation. Wenn Sie abends kaputt

▲ Regelmäßiges Jogging hilft beim Entsäuern.

nach Hause kommen, ist das die ideale Technik, um abzuschalten. Sinnvoll ist es, erst einige Minuten Yoga zu machen und danach zu meditieren. In allen Städten werden inzwischen Yogakurse und Meditationsgruppen angeboten, häufig auch an Volkshochschulen.

Erholung

In einer Zeit, in der alles schneller gehen muss und auch dieses Buch mit superschnellen Rezepten lockt, damit Sie es einigermaßen in Ihren Alltag integrieren können, muss auch eine Lanze für die Bedeutung der Erholungsphasen gebrochen werden. Durch ausreichende Erholung entsäuern und entgiften Sie Ihren Organismus. Nutzen Sie dieses einfache und sehr effektive Heilmittel der Natur. Die beste Erholung bekommen wir im nächtlichen Schlaf. Hier sorgen der Stoffwechsel und die Leber für die Entgiftung, die Haut und das Nervensystem erholen sich vom Tagesstress. Voraussetzung ist, dass der Schlaf ausreichend ist, das heißt 8 bis 9 Stunden, und dass Sie überhaupt schlafen können.

Es ist auch von Bedeutung, *wann* man schläft. Der Schlaf vor Mitternacht hat eine größere Erholungskraft als der Schlaf nach Mitternacht. Versuchen Sie daher, während der Basenfastenwoche um 22 Uhr, spätestens aber um 23 Uhr zu Bett zu gehen. Für den reibungslosen Ablauf der Stoffwechselvorgänge in der Nacht ist das von großem Nutzen. So kann der Körper am nächsten Morgen die Säuren gut ausscheiden.

Wenn Sie Schicht arbeiten, kann das für Sie im Laufe der Jahre zu einem echten Problem werden: Schlafstörungen, Stoffwechselstörungen und Depressionen können die Folgen sein. Die Symptome bessern sich meist erst, nachdem die natürlichen Schlafrhythmen wieder hergestellt wurden.

Ein entspannendes Bad am Abend verhilft ebenfalls zu einem erholsamen Schlaf, beispielsweise ein Aromabad mit Honig und Mandel, ein Ölbad mit Lavendel oder mit Melisse. Wenn Sie am Abend ein Basenbad machen – wie

Info

Tipps für einen guten und erholsamen Schlaf

- Nehmen Sie sich abends keine »aufregenden« Tätigkeiten mehr vor.
- Wählen Sie sich eine Beschäftigung vor dem Schlafengehen, die Sie beruhigt und entspannt. So können sie besser abschalten und einschlafen. Wenn Sie noch ein wenig lesen wollen, dann wählen Sie ein beruhigendes Buch – und vor allem: Arbeiten Sie nicht bis spät in die Nacht.
- Wenn Ihnen nachts zu viele Gedanken und zu viele unerledigte Dinge im Kopf herumgehen, schaffen Sie sich doch ein Tagebuch an und schreiben Sie diese Gedanken nieder. Dann sind Sie aus Ihrem Kopf und Sie können in Ruhe schlafen.

Basenfasten-Basics

> **Ein Basenbad am Abend schenkt guten Schlaf**
>
> Bullrich's Vital Wellnessbad ist ein basisches Mineralstoffbad, das herrlich nach Waldkräutern duftet. Es reinigt, entsäuert und pflegt dabei die Haut.
>
> Wenn Sie 1/3 der Packung (= etwa 170 g Badepulver) in das warme Badewasser geben, erhalten Sie ein mit Basen gesättigtes Badewasser. Der Basenüberschuss hilft, die Säuren über die Haut aus dem Körper zu leiten. Bleiben Sie mindestens 20 Minuten im Bad. Wenn Ihr Kreislauf es verträgt, können Sie bis zu 40 Minuten in den Basen baden. Je länger Sie baden, umso besser für die Entsäuerung. Danach sollten Sie nicht duschen, sich nur leicht abtrocknen und die Haut nicht eincremen. Die Haut fühlt sich samtweich an und Sie fühlen sich wie neugeboren.
>
>
>
> Ideal ist es, wenn Sie sich nach dem Basenbad gleich ins Bett legen. Nach einem stressigen Tag ist ein Basenbad eine echte Entspannungsoase und ist ein guter Ersatz für einen zeitaufwändigeren Saunaabend.
>
> GUT ZU WISSEN

das Bullrich's Vital Wellnessbad –, dann erzielen Sie damit einen doppelten Effekt: Ein Basenbad wirkt entspannend und beschleunigt den Entsäuerungsprozess.

Wenn Sie morgens häufig müde und zerknirscht aufwachen – haben Sie mal darüber nachgedacht, ob Sie auf einer Reizzone schlafen oder ob Sie einfach von zu vielen elektrischen Geräten am Schlafplatz umgeben sind? Auf diese Problematik bin ich in meinem Buch: »Natürliche Entgiftung« ausführlich eingegangen, und inzwischen gibt es ein Buch, das sich ausschließlich dieser Thematik widmet (Dr. Ulrike Banis: Erdstrahlen & Co.). Probieren Sie es einfach einmal aus: Schalten Sie all Ihre Standbys aus, laden Sie Ihr Handy nachts in einem anderen Zimmer, und wenn Sie dann morgens immer noch nicht fit sind, eventuell sogar mit Rücken- oder Kopfschmerzen aufwachen, dann sollten Sie daran denken, Ihr Bett um einige Zentimeter zu verrücken – vielleicht liegen Sie auf einer so genannten »Reizzone« – und das kann Ihre Leistungsfähigkeit im Alltag enorm hemmen!

25

Basenfasten klappt auch im Alltag

Säurebildner sind tabu!

Säurebildner finden sich nicht nur in der Ernährung, auch die
Lebensweise kann »sauer« machen.

Alle säurebildenden Lebensmittel
sind während des 7-Tage-Basen-
fasten-Programms tabu. Das ist – wie
schon bei den Basics erwähnt – ganz
entscheidend für den Erfolg dieser
Woche. Aber was sind denn Säure-

bildner? In der folgenden Liste finden
Sie all die Lebensmittel, die der Körper
zu Säuren umbaut. Leider sind das häufig Dinge, die lecker schmecken und
natürlich die, die es an jeder Ecke
schnell zu kaufen gibt: das Putenbrust-

GUT ZU WISSEN

Säurebildende Nahrungsmittel

- jede Art von Fleisch, Wurstwaren, Schinken
- Fleischbrühe
- alle Fische und Schalentiere
- Milchprodukte (auch fettarme) sowie Quark, Jogurt, Kefir und alle Käsesorten
- Ei, Eiweiß
- Senf und Essig
- Hülsenfrüchte, Spargel, Rosenkohl, Artischocken
- alle Nüsse außer Mandeln und frischen Walnüssen
- Soja und Sojaprodukte wie Tofu (Begründung siehe Seite 40)
- Vollkornprodukte
- alle Weißmehlprodukte, auch graue Brötchen
- Teigwaren
- geschälte und polierte Getreide
- polierter Reis

- gehärtete, raffinierte Fette und Öle, billige Salatöle
- Margarine
- kohlensäurehaltige Getränke (auch Mineralwässer)
- Softdrinks wie Limonaden, Cola
- Bohnenkaffee
- schwarzer Tee
- Früchtetee
- Alkohol
- Fertigprodukte, die Säurebildner enthalten
- alle Süßigkeiten, insbesondere die mit Fabrikzucker hergestellten
- Eis

Die folgenden Lebensmittel sind keine Säurebildner, aber dennoch beim Basenfasten nicht erlaubt:
- Rohmilch, Sahne und Butter
- Knoblauch
- Roiboostee
- Matetee

Säurebildner sind tabu!

Ohne Stress ▶ und Säurebildner wird Basenfasten ein voller Erfolg!

brötchen für die Mittagspause, der Döner, der Hamburger, die Butterbrezel, das Salamibrötchen, die süßen Stückchen und der Kaffee – und das war so praktisch … Sie mussten Ihr Essen nicht planen. Wann immer der Hunger Sie überfallen hat – die nächste Bäckerei war in Sichtweite und das Brötchen schnell in den Mund gesteckt und weiter ging die Arbeit. Dass dies keine gesunde Lebensweise ist, das wissen Sie schon lange und das schlechte Gewissen beschleicht Sie immer wieder – geht es nicht auch gesund und trotzdem schnell? Es geht!

Aber nicht nur die Ernährung, sondern auch die Lebensweise beeinflusst den Säure-Basen-Haushalt. Nicht umsonst sagt man: »Ich bin total sauer auf …«.

So ist nicht nur Stress säurebildend, auch die Gefühle zeigen an, wie basisch oder wie sauer wir sind. Die folgenden Säurebildner sollten in der Basenfastenwoche deshalb ebenfalls tabu sein:
- Stress
- »Geschäftsessen«
- Bewegungsmangel
- Elektrosmog
- Leistungssport
- Schlafmangel
- Angst, Wut und Ärger

Deshalb: Stressen Sie sich nicht in dieser Woche, gehen Sie das Basenfasten »locker« und gut motiviert an. Freuen Sie sich darauf, dass Sie am Ende wieder in Ihre Lieblingsjeans passen und dabei den Körper entgiftet haben – schöne Gedanken entsäuern.

Basenfasten klappt auch im Alltag

GUT ZU WISSEN

Die 10 goldenen Wacker-Regeln

Basenfasten nach Wacker ist mehr als nur »Obst-und-Gemüse-Essen«. Es kommt dabei vor allem auch auf das »Wie« und auf das »Wann« an. Deshalb lege ich Ihnen die folgenden Regeln besonders ans Herz. Sie sind für den Erfolg des Basenfastens entscheidend.

❶ Essen Sie Rohkost nur, wenn Sie diese vertragen

Dass Rohkost gesund ist, weiß jeder. Wenn Sie Rohkost aber nicht gut verdauen können, dann belastet das Ihren Darm und das ist nicht gesund. Achten Sie deshalb genau auf Ihren Körper: Wenn Sie oft mit Blähungen oder Schmerzen auf Rohes reagieren, dann sollten Sie die Gemüse lieber schonend dünsten. Wenn Sie unempfindlich sind, dann können sie rohes Obst und Gemüse nach Herzenslust – bis 14 Uhr – verzehren.

❷ Essen Sie Rohkost nur bis 14 Uhr

Und damit folgt die 2. Wacker-Regel: Nach 14 Uhr behindert Rohkost die Leber bei ihren internen Stoffwechselarbeiten und ist dadurch schwerer verdaulich. Gesunde merken das nicht direkt. Darmempfindliche spüren das jedoch in Form von Blähungen, Verstopfung oder Durchfall. Essen Sie Obst immer nur auf nüchternen Magen – also zum Frühstück.

❸ Essen Sie nach 18 Uhr nichts mehr

Was nach 18 Uhr gegessen wird, landet auf den Hüften und überfordert die Leber. Der interne Stoffwechsel der Leber ist in der Nacht besonders aktiv und sorgt, wenn er nicht durch zusätzliche Mahlzeiten gestört wird, nachts für die Entgiftung. So arbeitet Ihr Körper für Sie, während Sie schlafen.

❹ So naturbelassen wie möglich

Da beim Erhitzen Vitalstoffe verloren gehen, ist es wichtig, dass Sie Ihre Gemüsegerichte besonders schonend zubereiten. Lassen Sie Gemüse nie ganz weich werden und braten Sie nicht zu viel. Am schonendsten können Sie Gemüse im »Gemüsedämpfer« zubereiten. Das ist ein Edelstahltopf mit einem Siebeinsatz, in dem das Gemüse nicht im Wasser liegt, sondern nur durch den Dampf gegart wird. Das schont die Vitalstoffe und erhält dadurch das volle Gemüsearoma. Und: Es geht ganz schnell.

❺ Essen Sie nicht zu viel

Die Faustregel heißt: Essen Sie so wenig wie möglich und nur so viel wie nötig! Und wenn es noch so basisch ist – zu viel ist immer ungesund. Versuchen Sie langsam und bewusst zu essen und kauen Sie sehr gründlich. Auf diese Weise verhindern Sie, dass Sie Ihr Essen hinunterschlingen und nicht merken, wann Sie eigentlich schon

Die 10 goldenen Wacker-Regeln ◀

satt sind. Ich schreibe nicht vor, wie viel Sie essen, denn eines der Basenfastenziele ist, dass Sie Ihre Wohlfühlessmenge selbst herausfinden. Wenn Sie das schaffen, dann wird Basenfasten für Sie zu einem echten Gesundheitserlebnis.

6 Keine wilden Mischungen

Simplify your life – das sollte auch für die Küche gelten. Je weniger Nahrungsmittel Sie mischen, umso intensiver können Sie den Geschmack der Zubereitung erleben. Das ist ein anderer Kick für die Geschmacksnerven – der pure Geschmack der Natur. Deshalb: Verwenden Sie pro Mahlzeit möglichst nur zwei oder drei Obst- oder Gemüsesorten.

7 Verwenden Sie Gewürze sparsam

Wenn Sie zu stark würzen, irritieren Sie damit Ihre Geschmacksnerven – das lässt Sie unter anderem das Gefühl für Sättigung verlieren. Das ist auch der Grund, weshalb ich den intensiven Knoblauch trotz seiner vielfältigen Gesundheitswirkung beim Basenfasten nicht empfehle. Knoblauch übertönt durch die enthaltenen Sulfide jeden Gemüsegeschmack.

Kräuter – vor allem frische Kräuter – sind die optimalen Würzmittel. Würzen Sie Ihre Speisen zunächst mit Kräutern und schmecken Sie dann mit Meersalz oder einem anderen Salz ab. So halten Sie den Salzverbrauch niedrig. Kräutersalzmischungen sind ebenfalls empfehlenswert. Auch frische Sprossen dienen der Geschmacksverfeinerung.

8 Essen Sie nur die basischen Lebensmittel, die Sie mögen

Gehen Sie auf den Wochenmarkt, lassen Sie sich von den verlockenden Obst- und Gemüseangeboten der Saison verführen und kaufen Sie aus dem Bauch heraus die Sorten, auf die Sie spontan Lust haben. Mir geht es meist so: Ich stelle mir zu Hause ein leckeres Gemüsegericht vor, finde dann aber genau diese Gemüsesorte auf dem Markt nicht so frisch vor wie in meiner Vorstellung. Dafür liegt daneben ein anderes Gemüse, das mich sehr anspricht – das ich dann schließlich kaufe.

9 Essen Sie mehr Gemüse als Obst – und zwar nur reifes

Nur reifes Obst und Gemüse wird basisch verstoffwechselt! Dies ist einer der Gründe, weshalb ich die Gemüse- und Obstsorten der Saison vorziehe. Sie finden hinter meinen Rezepten jeweils einen Hinweis, zu welcher Jahreszeit das Rezept passt. Unreifes kann bei Menschen mit empfindlichem Magen und Darm leicht zu Blähungen und Schmerzen führen. Achten Sie auch darauf, dass Sie deutlich mehr Gemüse als Obst essen – zu viel Obst kann ebenfalls zu Blähungen führen und es macht nicht lange satt. Generell gilt: 20% Obst – am besten zum Frühstück – und 80% Gemüse.

10 Kauen Sie gründlich

Gut gekaut ist halb verdaut und macht schneller satt. Gründlich kauen, das heißt ein 2 cm dicker Apfelschnitz sollte mindestens 30-mal gekaut werden. Wenn Sie das schaffen, dann verbessern Sie damit Ihre Verdauung – deshalb: üben!

GUT ZU WISSEN

Basenfasten in Beruf und Alltag

Mit einigen Tricks gelingt Ihnen die hohe Kunst der Zeitersparnis.
So lässt sich 1 Woche Basenfasten prima im Alltag bewältigen.

Keine Zeit für Ihre Gesundheit? Keine Zeit für Basenfasten? Die Formel heißt: »Mis-en-place« – die hohe Kunst der Zeitersparnis in der gehobenen Gastronomie. Mit anderen Worten: Organisation und Struktur ist alles.

Nichts anderes also als das, was Sie in Ihrem Job täglich leisten. Zu anstrengend? Lassen Sie sich einmal darauf ein und Sie werden erstaunt feststellen, dass ein gut organisiertes Leben Räume schafft.

Die »kleinen« Probleme des Alltags

Basenfasten ist so einfach und unkompliziert, dass sich die Ernährung während dieser Zeit problemlos in den Berufs- und Familienalltag integrieren lässt.

Keine Kochmöglichkeit am Arbeitsplatz?

Das ist gar kein Problem, denn es ist nicht unbedingt nötig, dass Sie sich mittags etwas kochen. Nehmen Sie sich Ihre Getränke und Ihre Pausensnacks mit ins Büro. Wenn Sie sich gerne alles frisch zubereiten, dann können Sie sich abends einen Salat für den nächsten Tag vorbereiten, das Dressing dazu kommt in ein Extraglas und wird erst am nächsten Tag vor der Mahlzeit unter den Salat gemischt. Rezepte dazu finden Sie ab Seite 101.

Wenn Ihnen ein Salat nicht ausreicht, nehmen Sie ein Glas milchsauer eingelegtes Gemüse mit ins Geschäft. Wenn Sie gar keine Zeit oder Lust haben, etwas vorzubereiten, gehen Sie mittags in ein Restaurant oder, wenn vorhanden, in die Kantine.

Kann man auch in der Kantine Basenfasten?

Wenn Sie im Geschäft eine Kantine haben, können Sie auch dort 100 % basisch zu Mittag essen. Allerdings wird es nötig sein, mit dem Koch Kontakt aufzunehmen und ihn bezüglich der Gemüsegerichte und der Salatdressings zu befragen. Herkömmliche Salatdressings sind nicht basisch und Gemüse ist meist mit Butter und Sahne zubereitet. Die meisten Kantinen sind aber

Basenfasten in Beruf und Alltag ▶

GUT ZU WISSEN

Welcher Basenfasten-Typ sind Sie?

Passen Sie den Speiseplan des 7-Tage-Basenfastenprogramms an Ihre Bedürfnisse an und testen Sie zuerst, welcher Basenfastentyp Sie sind:

🔴 Kochen – das ist nicht! Ich bin beruflich ständig unterwegs. Wenn basisch, dann im Restaurant oder in der Kantine.

🟡 Ich mogle auch schon mal ein basisches Fertiggericht dazwischen, damit es schneller geht.

🟢 Bei mir kommt nur frisch Zubereitetes auf den Tisch. Ein wenig Kochen kann ich locker in den Berufsalltag einbauen.

Haben Sie sich in dieser »Basenampel« wiedererkannt? Bei welchem der State-ments haben Sie gesagt: »Ja – das könn-te ich gesagt haben«? Bei Grün, Gelb oder Rot? Oder gehören Sie zu den Menschen, die sich nicht genau einord-nen lassen und deren Alltag so unbere-chenbar ist, dass Sie nie richtig planen können? Geht es Ihnen wie den meisten Menschen? Sie würden ganz gerne alles frisch zubereiten, aber Sie haben weder die Zeit noch das Durchhaltevermögen dazu? Dann ist dieses Buch genau das Richtige für Sie. Denn hier finden Sie Tipps und Tricks, die Ihnen Basenfasten leicht machen – egal, wie Ihr Alltag abläuft. Das 7-Tage-Programm ab Seite 74 enthält Alternativen für jeden Typ. Und: Es erlaubt Ihnen schnelle Gerichte und gibt Tipps, wie Sie das 7-Tage-Programm durchführen können, wenn Ihr Alltag chaotisch abläuft.

in der Lage, wenigstens *ein* rein basi-sches Gericht anzubieten – und seien es nur Pellkartoffeln. Wenn Sie die Mög-lichkeit haben, in der Kantine einen unangemachten Salat zu bekommen, dann können Sie sich ein basisches Salatdressing (Rezept Seite 100) von zu Hause mitbringen.

Sie kommen abends spät nach Hause – und nun?

Ein großes Problem für Berufstätige stellt die lange Arbeitszeit dar. Da ist in der dritten goldenen Wacker-Regel zu lesen, dass man nach 18 Uhr möglichst nichts mehr essen soll und Sie kommen erst um 21 Uhr aus dem Büro? Hier gibt es eine ganz einfache Möglichkeit, die ich selbst oft nutzen muss, da ich selten vor 21 Uhr aus der Praxis komme: Sie nehmen sich ein Päckchen Gemüse-brühwürfel mit ins Büro. Wenn Sie dort keinen Wasserkocher haben, bringen Sie sich einen mit. In einem Teebecher lösen Sie einen Gemüsebrühwürfel in kochendem Wasser auf und trinken die Gemüsebrühe um 18 Uhr. Wenn Ihnen

31

Basenfasten klappt auch im Alltag

◀ Basisches lässt sich problemlos in die »normale Ernährung« einbauen.

das nicht reicht, dürfen Sie auch einen zweiten Becher Gemüsebrühe trinken. Trinken Sie sehr langsam – es ist Ihr Abendessen! Danach dürfen Sie noch literweise Kräutertee trinken – das beruhigt den Magen. Wenn Sie dann um 23 Uhr hungrig werden gehen Sie zu Bett. Das ist ohnehin gesünder während des Basenfastens.

Hilfe – die Familie macht nicht mit!

Immer wieder werde ich gefragt, wie man basenfasten kann, wenn die Familie oder der Partner nicht mitmachen. Für manche Frauen ist es scheinbar nicht möglich, etwas anderes zu essen als ihr Partner oder ihre Kinder. Dabei ist gerade Basenfasten bestens geeignet, in das »normale« Kochen eingebaut zu werden. Wenn Ihre Familie am Sonntag unbedingt Putengeschnetzeltes essen möchte und Sie wollen basenfasten – wo ist das Problem? Sie bereiten sich Ihre basischen Mittagsrezepte, beispielsweise einen Salat mit basischem Dressing und Ihrem Gemüsegericht. Dazu machen Sie das Putengeschnetzelte und stellen alles auf den Tisch: Sie essen nur die basischen Gerichte, Ihre Familie isst alles. Je weniger Wirbel Sie darum machen, umso problemloser läuft das. Das Interessante ist, dass die wenigsten Menschen merken, dass der Salat und die Gemüsezubereitung rein basisch ist. Und Sie sind ja schließlich nicht gezwungen, säurebildendes Fleisch zu essen, wenn Sie sich fit und gesund erhalten wollen. Oder wollen Sie lieber auch Fleisch essen? Dann sollten Sie noch ein wenig an Ihrer Motivation (Basic Nr. 1 – Seite 14) arbeiten …

Basenfasten in Beruf und Alltag

Basenfasten unterwegs

Ich habe zu meinem Erstaunen immer wieder erlebt, dass gerade Männer beim Basenfasten ein unglaubliches Durchhaltevermögen aufbringen. So haben mir Patienten von vierwöchigen Basenfastenkuren berichtet, die sie ausschließlich auf einer Geschäftsreise – unterwegs in Hotels – machten und dabei acht und mehr Kilo abgenommen haben und ihre chronische Nebenhöhlenentzündung losgeworden sind. Es geht also. Ich habe es selbst ausprobiert, als eine berufliche Fortbildung in eine meiner Basenfastenwochen fiel. Einmal bot mir eine Kellnerin als Gemüse zwar Kartoffeln, Karotten, Zucchini, Spätzle und Brot an – dass Spätzle und Brot nicht zu den Gemüsesorten gehören, müssen Sie vielleicht noch dem ein oder anderen Kellner erst beibringen. Sagen Sie einfach, was Sie wollen, und Sie bekommen es – fast immer!

Keine Scheu im Restaurant: Der Gast ist König

In einem guten Restaurant wird man immer bemüht sein, Ihre Wünsche zu erfüllen. Und wenn Sie vom Kellner eine brummlige Antwort erhalten: »Es gibt nur, was auf der Karte steht…«? Dann vergessen Sie das Lokal – und gehen Sie dort hin, wo man Ihre Wünsche gerne erfüllt.

Es ist sicher nötig, dass Sie bei der Auswahl Ihres Menüs genau nachfragen müssen, wie es zubereitet ist. Die Möglichkeiten von Restaurants, Säurebildner in das Essen zu schmuggeln, sind nahezu unerschöpflich. Da bestellt man grüne Bohnen und sie werden im Speckmantel serviert. Wenn Sie dem Koch genau sagen, was Sie essen wollen und was in dem Gericht nicht drin sein darf, dann müsste es klappen.

Basenfasten im Hotel

Da Hotels sehr unterschiedlich ausgestattet sind, ist es ratsam, sich mit den basischen Grundnahrungsmitteln für unterwegs zu versorgen. So kommen keine Engpässe auf, in denen Sie verführt werden können, doch zu einem Säurebildner zu greifen. Und: Viele der

Das basische Reisepaket für unterwegs

- Quellwasser bzw. stilles Wasser
- Gemüsebrühwürfel
- Teebeutel mit geeigneten Teesorten
- verschiedene Trockenfrüchte
- Mandeln
- Obst, sofern Sie es lagern können
- ein kleines Glas Mandelmus
- ein Basenbad

33

Basenfasten klappt auch im Alltag

beim Basenfasten empfohlenen Lebensmittel sind in Hotels nicht so bekannt. Manche Hotels bieten jedoch schon Quellwasser guter Qualität an – aber das ist eher die Ausnahme.

Frühstück: Die meisten Hotels haben eine Auswahl an frischem Obst oder einen frischen Fruchtsalat. Wenn der Fruchtsalat mit Dosenobst gemischt ist, sollten Sie auf das frische Obst ausweichen.

Nehmen Sie vorsichtshalber Ihren eigenen Teebeutel mit, da die meisten Hotels nur schwarze, grüne, Früchte-

▼ Gute Hotels bieten stets frisches Obst an, beispielsweise fürs Frühstück.

und aromatisierte Tees haben. Pfefferminztee oder Kamillentee können Sie trinken, wenn Ihnen das schmeckt, allerdings nicht mehr als eine kleine Kanne.

Zwischenmahlzeit: Nehmen Sie von den Snacks, die Sie dabei haben.

Mittagessen: Wenn es ein Büffet gibt, können Sie sich die Gerichte aussuchen, die ohne Säurebildner sind – auch Sahne und Butter darf nicht dabei sein. Das ist bei manchen Büffets gar nicht so einfach. Sollten Sie nichts finden, dann fragen Sie den Koch – irgendetwas Basisches kann jeder Koch machen. Und wenn es ein Salat ist, den Sie sich selbst anmachen – geht beim Italiener ganz prima.

Zwischenmahlzeit: Essen Sie von den Snacks, die Sie dabei haben. Auch eine Banane ist eine unkomplizierte Zwischenmahlzeit.

Abendessen: Lassen Sie sich eine klare Gemüsesuppe machen. Stellen Sie sicher, dass die Suppe keinen Fleischfond hat. Auch Bratkartoffeln mit Olivenöl oder Pellkartoffeln sind eine Möglichkeit.

Auch hier sind italienische Restaurants Spitze: Die meisten bereiten Ihnen einen herrlichen Gemüseteller, wenn Sie danach fragen. Verlangen Sie einen

Teller mit Gemüse und Olivenöl und basta! Und das Schöne ist: Wenn Sie in Gesellschaft sind, sitzen Sie nicht ohne Essen da – Sie haben eine Essensportion vor sich wie Ihre Kollegen und werden davon satt.

Was sonst noch wichtig ist: Sorgen Sie auch unterwegs im Hotel für ausreichend Bewegung und Erholung. Wenn Sie in einem Hotel mit Wellnessabteilung sind, buchen Sie rechtzeitig einen Massagetermin oder gehen Sie morgens vor dem Frühstück eine halbe Stunde schwimmen. Auch zwei bis drei Saunagänge am Abend nach einem anstrengenden Arbeitstag sind eine Wohltat und entsäuern.

Wenn Sie sich im Hotel eine Tee-Thermoskanne mit heißem Wasser mit aufs Zimmer geben lassen, können Sie dort den restlichen Flüssigkeitsbedarf decken. Bitten Sie darum, dass man Ihnen das Wasser in eine Thermoskanne füllt, in der davor kein Kaffee war – Kaffeegeschmack im Tee beim Basenfasten ist nicht der Hit.

▲ Geschäftsreisen kann man auch genießen.

Praktische Tricks gegen Säurefallen

Ein ganz wesentlicher Punkt, dem Alltagsstress ein Schnippchen zu schlagen, ist das »Mis-en-place« bei der Vor- und Zubereitung der Gerichte. Die Rezepte sind bei diesem Programm für Eilige so gewählt, dass sie entweder sehr schnell fertig sind oder sich gut vorbereiten lassen. Zum richtigen Zeitmanagement gehört auch, dass Sie Ihre Schwächen berücksichtigen. Nehmen Sie sich nicht vor, am Mittwochabend einen Salat und eine Suppe für den nächsten Tag vorzubereiten, wenn Sie genau wissen, dass Mittwoch Ihr Oberstresstag ist und Sie abends zu gar nichts mehr Lust haben. Solche Situationen sind Säurefallen. Denn, was passiert? Sie haben sich übernommen und nun schaffen Sie es doch nicht, so zu kochen, wie Sie eigentlich wollten. Sie resignieren und vertagen Basenfasten auf einen späteren, »günstigeren« Zeitpunkt. Nehmen Sie sich lieber weniger vor, mogeln Sie auch ruhig mal ein basisches Fertiggericht

Basenfasten klappt auch im Alltag

dazwischen – Beispiele hierfür finden Sie im auf den Seiten 49 und 63 und ab Seite 68 können Sie lesen, wie Sie optimal vorbereitet in Ihre Basenfastenwoche starten.

Säurefalle Nr. 1:
Heißhungerattacken!

Sie kommen von der Arbeit nach Hause, sind lustlos, müde und hungrig und jetzt sollen Sie ein Gemüsegericht nach Wacker kochen? Niemals! Sie machen den Kühlschrank auf und die Versuchung nach dem ersten Stück Käse oder nach einem Brot ist riesig. In dieser Situation schaffen es die wenigsten Menschen, standhaft zu bleiben – ist

auch ein wenig viel verlangt. Vermeiden Sie, dass Heißhungerattacken Sie zum Kühlschrankräuber machen – es gibt da einige Tricks – siehe Kasten unten.

Säurefalle Nr. 2:
Zu wenig trinken!

Wie soll man die erforderliche Trinkmenge von 2,5 bis 3 Liter/Tag bewältigen, wenn man erstens keine Zeit hat und zweitens keinen Durst? Hier ein praxiserprobter Trick: Unterteilen Sie den Tag in drei Zeitabschnitte (vormittags bis zum Mittagessen, nachmittags und Feierabend) und stellen Sie sich für jeden Zeitabschnitt eine 1-Liter-Flasche Wasser oder eine 1-Liter-Thermos-

---

GUT ZU WISSEN

Tricks gegen Heißhungerattacken

▪ Warten Sie mit dem Essen nie so lange, bis Sie Heißhunger bekommen. Essen Sie einen kleinen basischen Snack, wenn Sie schon während der Arbeit hungrig werden, beispielsweise Trockenobst oder Mandeln. Am besten haben Sie für den Notfall immer ein paar basische Snacks und Wasser bei sich.

▪ Vermeiden Sie von vorneherein, dass Sie nach einem langen Arbeitstag nach Hause kommen und nur schnell zu verzehrende Säurebildner im Hause haben. Sorgen Sie dafür, dass immer etwas Basisches sofort greifbar ist – und wenn es nur ein Glas Oliven ist.

▪ Bereiten Sie sich am Vorabend ein Mittag- oder Abendessen für den nächsten Tag so weit vor, dass Sie es nur noch kurz aufwärmen müssen oder kalt essen können. Es ist doch schön, wenn Sie bald Feierabend haben und wissen, Sie müssen das Süppchen nur noch kurz aufwärmen. So können Sie beispielsweise einen Kartoffelsalat oder im Sommer marinierte Zucchini oder Auberginen – ohne Knoblauch versteht sich – am Vorabend zubereiten. Das geht schnell und steht am nächsten Abend essfertig im Kühlschrank.

Basenfasten in Beruf und Alltag

◀ Trinken von reichlich Quellwasser hilft, Säurefallen zu vermeiden.

können Sie sich einen »Trink-Wecker« abonnieren. Nach wenigen Tagen – zähe Naturen brauchen auch Wochen dazu – ist Ihnen das Trinken so selbstverständlich, dass Sie es selbst merken, wenn Sie zu wenig getrunken haben. Und das behalten Sie am besten so bei – auch nach dem Basenfasten. Ein Becher Tee kann Sie vor so mancher unnötig hineingestopften Kalorienbombe bewahren, denn es beruhigt erst mal den Magen. Und denken Sie daran: Sie entsäuern nur gut, wenn Sie Ihre tägliche Trinkmenge zu sich nehmen.

Säurefalle Nr. 3: Stress!

Stress killt die meisten guten Vorhaben. Beispielsweise könnte Sie trotz guter Planung und Motivation am dritten Tag der Mega-Stress überfallen, nichts läuft nach Plan, Ärger mit Kollegen … Und abends kommen Sie nach Hause und brauchen eine Belohnung, in Form von Schokolade, Alkohol oder wenigstens einem schönen »sauren« Essen …? Aber halt – umdenken ist angesagt! Überlegen Sie sich für solche Fälle rechtzeitig eine basische Alternative. Belohnen Sie sich auf gesunde Weise! Zum Beispiel mit einem schönen Bad, einer Massage oder einem Saunaabend. Es gibt so viele wohltuende Dinge, die gesund sind.

kanne Wasser oder Kräutertee zurecht, die Sie in diesem Abschnitt austrinken:
- Die erste Flasche bzw. die erste Thermoskanne bis zur Mittagspause,
- die zweite bis zum Feierabend,
- die dritte bis zum Schlafengehen.

Planen Sie das so selbstverständlich ein, wie Sie sonst Ihre Arbeitsabläufe im Berufsalltag planen. Wenn Sie am PC arbeiten, können Sie sich auch jede Stunde an das Trinken erinnern lassen. Dafür gibt es inzwischen sogar eine Website: Über www.trinkberater.de

Was ist »basische« Kost?

Essen ist also beim Basenfasten erlaubt, satt werden auch. Sie dürfen alles essen, was der Körper basisch verstoffwechselt, im Wesentlichen sind das Obst, Gemüse, Kräuter und frische Sprossen. Diese basischen Nahrungsmittel liefern Ihnen alle Vitalstoffe, die Sie für Beruf und Alltag benötigen.

Was ist »basische« Kost?

Basenfasten = Obst und Gemüse satt

Wenn Sie die Grundlagen zur basischen Ernährung bereits kennen,
lesen Sie gleich weiter bei der optimalen Vorbereitung, Seite 68.

Wenn Sie schon in dem ein oder anderen Säure-Basen-Buch geschmökert haben oder schon Säure-Basen-Tabellen gesehen haben, dann werden Sie sich vielleicht wundern, warum ich Lebensmittel wie Milch, Sahne und Butter, die in den meisten Tabellen als basisch ausgewiesen werden, beim Basenfasten nicht erlaube. Das hat einen ganz einfachen Grund. Hinter dem Konzept des Basenfastens steht der Grundgedanke, dass die leichte Verstoffwechselung und damit die leichte Verwertung der basischen Nahrungsmittel ausschlaggebend für den Entsäuerungseffekt ist. Alle tierischen Produkte sind für den menschlichen Organismus jedoch »schwere Kost«. Davon abgesehen werden nur unpasteurisierte Milchprodukte wie Rohmilch basisch verstoffwechselt.

Es macht folglich keinen Sinn, sich über die basische oder nicht basische Wirkung den Kopf zu zerbrechen – es

kommt vor allem auf die Auswirkung der Lebensmittel auf den Stoffwechsel an. Besonders Menschen, die an Allergien leiden, haben in den letzten Jahren in diesem Punkt viele positive Erfahrungen mit Basenfasten gemacht. Mit Basenfasten nach der Original-Wacker-Methode haben sie sich sehr wohl gefühlt. Kaum nahmen sie wieder tierische Produkte wie Milch und Sahne in ihren Speiseplan auf, wurden die Allergiesymptome schlimmer, ohne dass sie eine Allergie auf Milch oder Sahne hatten.

Soja und Sojaprodukte wie Tofu oder Sojamilch wirken säurebildend und rufen außerdem nicht selten allergische Reaktionen hervor. Echtes Basenfasten ist daher auch frei von Sojaprodukten.

▌ Das Basometer ab Seite 53 listet alle Lebensmittel auf, die Sie während des 7-Tage-Basenfastenprogramms zu sich nehmen dürfen.

Basenfasten = Obst und Gemüse satt ▶

Mineraliengehalt von basischen Nahrungsmitteln

Haben Sie bei Verzicht auf Milch und Milchprodukte Angst vor einem Kalziummangel? Keine Sorge – viele Gemüsesorten enthalten jede Menge Kalzium, wie die linke Tabelle zeigt. Doch nicht nur Kalzium, auch andere Mineralien sind in basischen Lebensmitteln reichlich vorhanden – siehe Tabelle rechts. In beiden Tabellen können Sie erkennen, dass vor allem Sesam hinsichtlich seines Mineraliengehaltes

ein Multitalent ist. Deshalb empfehle ich Sesamsaat oder Gomasio (beispielsweise von Rapunzel) – eine Würzmischung aus geröstetem Sesam mit Salz –, um Salate und Gemüse zu würzen – siehe auch Tabelle Seite 64.

Auch mit Vitaminen werden Sie durch basische Lebensmittel bestens versorgt: So ist beispels-

Kalziumgehalt einiger Lebensmittel (jeweils 100 g)

Sesamsaat	783 mg
Brennnessel	713 mg
Mandeln	252 mg
Sojafleisch	250 mg
Gartenkresse	214 mg
Grünkohl	212 mg
getrocknete Feigen	190 mg
Petersilie	179 mg
Brunnenkresse	180 mg
Rukola	160 mg
Löwenzahn	137 mg
Schnittlauch	129 mg
Kichererbsen	124 mg
Kuhmilch	120 mg

Quelle: Deutsche Gesellschaft für Ernährung

Mineralien in basischen Lebensmitteln

Mineral	Lebensmittel
Kalzium	Sesam, Brennnessel, Gartenkresse, Rukola, Löwenzahn, getrocknete Feigen
Magnesium	Mandeln, Sesam, Cashewnüsse, Ingwer, Portulak (Postelein)
Kalium	Sesam, Bananen, Maronen, Aprikosen, Feigen, Datteln, andere Trockenfrüchte, Kohlrabi, Kürbis
Phosphor	Sesam
Eisen	Sesam, getrocknete Pilze

Quelle: Deutsche Gesellschaft für Ernährung

Was ist »basische« Kost?

Mineralien in 100 g Sesam

Mineral	Tagesbedarf laut DGE
Kalzium: 783 mg	1000 mg – zum Vergleich: 100 g Kuhmilch enthalten 124 mg
Magnesium: 347 mg	300 mg
Kalium: 458 mg	2000 mg – zum Vergleich: 100 g Bananen enthalten 382 mg
Phosphor: 607 mg	700 mg
Natrium: 45 mg	6000 mg (max.)
Eisen: 10 mg	10–15 mg – zum Vergleich: 100 g Spinat enthalten 3 mg

Quelle: Deutsche Gesellschaft für Ernährung

weise Kresse besonders reich an Vitamin C und Mandeln enthalten viel Vitamin B. Viel Vitamin D enthält die Avocado – dieses Vitamin ist maßgeblich an der Aufnahme von Kalzium aus der Nahrung beteiligt.

Auch die Eiweißversorgung ist beim Basenfasten kein Problem: Unsere »normale« Kost ist eher zu eiweißlastig. Außerdem enthalten beispielsweise Kartoffeln, Mandeln und frische Sprossen so viel Eiweiß, dass Sie locker einige Wochen basenfasten können, ohne Mangelerscheinungen zu be-

kommen. Dasselbe gilt für Kalzium. Wenn Sie basenfasten und dabei viel frische Kräuter, Sprossen und Mandeln zu sich nehmen, dann werden Sie besser und vor allem schneller mit Kalzium versorgt, als wenn Sie ein schwer verdauliches Milchprodukt zu sich nehmen. Studien haben gezeigt, dass Frauen in Afrika und in Asien, die keine Milchprodukte zu sich nehmen, trotzdem nicht an Osteoporose erkranken. Das steht unserer derzeitigen medizinischen Propaganda genau entgegen. Was tun sie? Sie bewegen sich viel im Freien, also in der Sonne. Durch Sonnenlicht kann in der Haut aus Vitaminvorstufen das eigentlich wirksame Vitamin D hergestellt werden, weshalb es auch als »Sonnenvitamin« bezeichnet wird. Vitamin D sorgt dafür, dass Kalzium und Phosphor in die Knochen und Zähne eingebaut wird – und verhindert so die Osteoporose.

Dagegen leiden viele Europäer, die sich eiweißreich mit Extraportionen Kalzium ernähren, unter verkalkten Gefäßen und Gelenken. Es kommt also offensichtlich darauf an, in welcher Form Nährstoffe in unseren Körper gelangen, damit wir sie gut verwerten können. Die Lebensmittel, die beim Basenfasten erlaubt sind, enthalten viele gut verwertbare Nährstoffe und belasten Ihren Stoffwechsel nicht. Also vergessen Sie die Milch-, Eiweiß- und Kalziummärchen – umdenken ist angesagt!

Tipps zu Kauf und Zubereitung

Pflanzliche Nahrungsmittel liefern Vitalstoffe – günstige Anbauweise, richtige Lagerung und Zubereitung sind Voraussetzung.

Basenfasten heißt also: Obst und Gemüse satt! Das bedeutet jedoch nicht, dass Sie alles wild durcheinander essen sollten, was Ihnen an Obst und Gemüse in die Hände kommt. Es gibt da einige Feinheiten zu beachten, die Ihnen zu einem optimalen Erfolg verhelfen.

Die Bedeutung der Jahreszeiten

Die entsäuernde Wirkung von Obst und Gemüse ist dann besonders gut, wenn die Natur sie gerade hervorbringt – in der entsprechenden Jahreszeit also. Dafür gibt es zwei Gründe: Obst und Gemüse, das Sie außerhalb der entsprechenden Jahreszeit zu sich nehmen, kommt aus einem anderen Land und muss dort meist unreif geerntet werden, um verkaufsfähig bei uns anzukommen. Aber unreifes Obst und Gemüse ist nicht basisch!

Der zweite Grund: Wir sind ein Teil der Natur und unser Stoffwechsel ist im Sommer nicht derselbe wie im Winter. Das weiß jede Kosmetikerin und jeder Friseur: Die Haare und die Nägel wachsen im Sommer viel schneller als im Winter, weil der Stoffwechsel im Sommer durch die Sonneneinwirkung angeregt ist. Auch der Gemütszustand ist im Sommer heiterer, Depressionen kommen in den dunklen Monaten, speziell im November, häufiger vor. Ist der Stoffwechsel im Sommer angeregt, dann sind kühlende Lebensmittel wie Tomaten oder Beerenfrüchte geeignete Lebensmittel. Im Winter dagegen liefert uns die Natur Wurzelgemüse und Kohlarten wie Petersilienwurzel, Rettich, Rote Bete und Rotkohl. Diese Lebensmittel können Nährstoffe gut speichern – und das brauchen wir im Winter. Die Natur gibt uns diese Rhythmen vor – machen Sie mit – es lebt sich leichter so! Im Saisonkalender auf der nächsten Seite sehen Sie, welches Gemüse zu welcher Zeit reif ist.

Was ist »basische« Kost?

Saisonkalender für

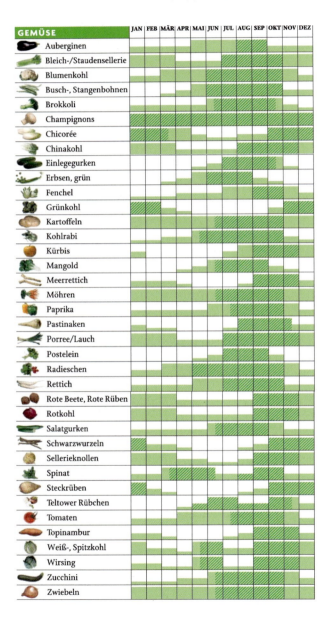

Tipps zu Kauf und Zubereitung ▶

Obst und Gemüse

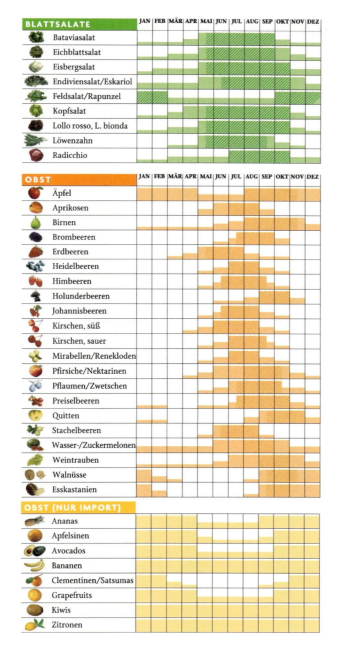

45

Was ist »basische« Kost?

Roh oder gekocht?

Keine Frage – Rohkost ist reich an Vitaminen und Spurenelementen und jede Verarbeitung und jede Erwärmung mindert die Qualität dieser wertvollen Inhaltsstoffe. Nur: Um Rohkost verdauen zu können, benötigen Sie einen Stoffwechsel und ein Verdauungssystem, das 100 % funktioniert – aber wer hat das schon?

Nicht umsonst heißt meine erste goldene Wackerregel: Vorsicht im Umgang mit Rohkost. Zudem haben die Menschen zu allen Zeiten Lebensmittel durch Salzzugabe oder durch andere Methoden konserviert, weil es eben nicht zu allen Jahreszeiten frisches Obst und Gemüse gab.

GUT ZU WISSEN

Schonend garen im Gemüsedämpfer

Der Gemüsedämpfer ist kein Schnellkochtopf! Der Schnellkochtopf arbeitet unter Druck, der Gemüsedämpfer nicht. Gemüsedämpfer gibt es von allen Kochgeschirrherstellern in verschiedenen Größen. Es handelt sich dabei eigentlich um zwei Töpfe. Der innere Topf ist ein Sieb, in dem das Gemüse ohne Druck gedämpft wird. Das Gemüse liegt dabei nicht im Wasser, sondern wird durch den aufsteigenden Wasserdampf gegart. Das ist mit Abstand die schonendste Art, Gemüse zuzubereiten. Sie merken es am Geschmack und an der satten Farbe. Es schmeckt so gut, dass nur wenig Würze nötig ist. Und – es geht superschnell: In weniger als 10 Minuten ist das Gemüse gar.

Es gibt auch eine sehr einfache und preisgünstige Möglichkeit – den zusammenfaltbaren Siebeinsatz, der für verschiedene Größen von normalen Kochtöpfen verwendbar ist. Das Saubermachen des faltbaren Einsatzes ist

▲ Dampfgaren im Gemüsedämpfer schont wertvolle Inhaltsstoffe.

jedoch ein wenig lästig, deshalb mag ich ihn nicht. Gemüsedämpfer gibt es auch als Elektroeinbaugeräte – wenn Sie das Geld und den Platz dazu haben.

Tipps zu Kauf und Zubereitung ▶

- Manche Menschen brauchen eher gekochtes Essen, weil es von innen heraus wärmt, während andere sich nur mit Rohkost richtig fit fühlen.

Es ist also durchaus erlaubt, etwas lockerer an dieses Thema heranzugehen. Wenn Sie abends mit einer warmen Suppe glücklich sind, dann essen Sie eine. Problematisch kann allerdings das wiederholte Erwärmen von Gemüsegerichten und Suppen werden. Wenn Sie sich basische Gerichte für den nächsten Tag vorbereiten, achten Sie bitte darauf, dass Sie diese nicht mehr als einmal aufwärmen müssen. Ein zu oft erwärmtes basisches Gericht kann umkippen und sauer reagieren.

Frische Sprossen haben immer Saison!

Frische Sprossen sind *die* Vitamin- und Mineralienspender überhaupt. Wer bislang die Mühe gescheut hat, tagelang darauf zu achten, dass die heransprießenden Keimlinge nicht zu trocken und nicht zu feucht sind, für den gibt es einige gute Botschaften, denn Wochenmärkte und Naturkostläden bieten mittlerweile eine große Auswahl an fertig gezogenen Sprossen an: Luzerne, Mungbohnen, Radieschen-, Brokkoli- und Rukolasprossen sowie Sprossenmischungen. Selbst in den meisten Supermärkten bekommen Sie wenigstens fertige Gartenkresse. Achten Sie darauf, dass Sie immer ein Schälchen Sprossen zu Hause haben – siehe auch Seite 62.

Warum sind Sprossen so wertvoll? Grundlage der Sprossen sind die Samen, in denen die Nährstoffe gespeichert sind. Durch den Keimprozess werden die Samen enzymatisch so aufgeschlossen, dass wir die Vitamine und Mineralien besser aufnehmen können. So enthalten Rukolasprossen und Sonnenblumenkeimlinge jede Menge Kalzium und Kresse besonders viel Vitamin C. Besonders im Winter, wenn frische Kräuter knapp sind, sind Sprossen Ihre Vitaminreserven.

▼ Frische Sprossen passen zu jedem basischen Gericht.

Was ist »basische« Kost?

Frisch gepresste Säfte – Luxus aus der Natur

Ein frisch gepresster Saft ist Luxus pur, denn direkter können Sie Vitamine und Mineralien nicht erhalten! Dauert zu lange? Mit dem richtigen Entsafter geht es ganz fix. Wenn Sie Wert auf eine gute Saftqualität und auf eine hohe Saftausbeute legen, dann sollten Sie sich hier etwas Luxus gönnen: Durch die geringe Hitzeentwicklung eines gutes Entsafters schonen Sie Ihr Obst und Gemüse und erhalten sich dadurch die Vitamine und Mineralien. Außerdem ist die Saftausbeute viel höher, so dass der Trester (die ausgepressten Obst- und Gemüsefasern) fast trocken sind. Auf dem deutschen Markt gibt es zur Zeit zwei sehr empfehlenswerte Geräte: der Greenstar und der Champion. Ich habe beide getestet und finde beide hervorragend. Unter dem Zeitaspekt betrachtet würde ich für Eilige eher den Champion empfehlen, denn er entsaftet wesentlich schneller und ist leichter zu reinigen.

Die Zubereitung geht ganz fix – siehe unten. Die Trinkzeit sollte jedoch nahezu 15 Minuten betragen! Verzehren Sie den Saft so, als würden Sie ihn essen. Speicheln Sie ihn gut ein. Dadurch werden die Mineralien und Vitamine besser von der Mundschleimhaut aufgenommen und der Saft ist bekömmlicher. Viele Menschen glauben, sie könnten keinen Saft vertragen – sobald sie ihn langsam verzehren, bekommt ihnen der Saft viel besser.

GUT ZU WISSEN

Säfte für Eilige

- Bauen Sie den Entsafter immer abends zusammen.
- Waschen Sie das Obst und das Gemüse schon am Abend.
- Wenn Sie Gemüse und Obst aus biologischem Anbau kaufen, können Sie die Schale mit verwenden – das ist gesünder und spart Zeit.
- Kaufen Sie sich einen Apfelteiler, er zerteilt Ihnen den Apfel in wenigen Sekunden so, dass er in den Entsafter passt.

Beispiel: Saft aus 2 Karotten, 5 Äpfeln und 5 Mandeln
- Vorbereitungszeit: 2 Minuten zum Zerkleinern der Karotten und der Äpfel.
- Zubereitungszeit: 4 Minuten.
- Trinkzeit: 15 Minuten (!) – nehmen Sie sich den Saft einfach mit ins Badezimmer; während Sie sich eincremen, schminken oder die Haare machen, können Sie immer wieder einen kleinen Schluck trinken.

Basenfasten und Fertigprodukte

Eilige dürfen beim Basenfasten hin und wieder auf Fertigprodukte ausweichen – welche, steht im Basometer auf Seite 63.

Gesund ist, was frisch zubereitet ist. Oft jedoch erlauben uns Alltagsstress und chronischer Zeitmangel nicht den Luxus der frisch zubereiteten Kost. Hier die tröstende Botschaft: Es gibt auch gesunde Fertigkost, die basisch verstoffwechselt wird – ein basischer Kompromiss sozusagen. Vergessen Sie ihr schlechtes Gewissen, weil Sie zu wenig Zeit haben, sich gesundes Essen frisch zuzubereiten. Im Basenfastenprogramm ab Seite 74 finden Sie eine Auswahl dieser kleinen Mogeleien – auch sie entsäuern und lassen die Pfunde purzeln. Und: Wann immer Sie dann doch ein wenig Zeit und Lust haben – leisten Sie sich etwas frisch Zubereitetes.

Empfehlenswerte basische Fertigzubereitungen

Viele Monate stöberten meine Freundin Eva und ich durch die Regale von Naturkostläden, Reformhäusern und Supermärkten, um nach solchen basischen Kompromissen für Eilige zu suchen. Und wir sind fündig geworden. Allerdings ist die Chance, in einem Supermarkt ein Fertigprodukt zu finden, das keine Zusatzstoffe enthält, fast null. Jedenfalls sind die einzigen Kompromisse, die wir bislang im Supermarkt gefunden haben, das Tiefkühlgemüse und die vorgekochten Rote Bete. Sämtliche Gläser und Dosen enthalten Zusatzstoffe, die beim Basenfasten nicht erlaubt sind.

▮ Achten Sie bitte darauf, dass das Fertigprodukt frei ist von Zucker, Honig, Essig, Weizen, Milchprodukten, Aromastoffen, Konservierungsmitteln, Emulgatoren, Farbstoffen und Knoblauch. Apfelsaftkonzentrat als Süßungsmittel ist bei eingelegtem Obst erlaubt.

Fündig geworden sind wir jedoch in Reformhäusern und Naturkostläden – siehe Basometer Seite 63. Die Sortimente in den Geschäften sind von Stadt zu Stadt sehr unterschiedlich. Wenn Sie ein Fertiggericht gefunden haben, von dem Sie glauben, dass es die Anforderungen des Basenfastens erfüllt, dann

Was ist »basische« Kost?

prüfen Sie es noch einmal genau. Die meisten Gemüse oder Pasteten enthalten Essig, Knoblauch oder Zucker – auch im Naturkostladen. So habe ich noch kein Rotkohlprodukt im Glas ohne Essigzusatz gefunden. Die meisten dieser Produkte bekommen Sie nur im Naturkostladen oder im Reformhaus. Hier wird mehr auf Qualität geachtet

und es sind naturbelassenere Lebensmittel zu finden. Machen Sie den Geschmackstest – es lohnt sich, natürlicher zu essen – für Ihre Gesundheit.

▪ Wenn Sie sich nicht sicher sind, können Sie mir gerne eine E-Mail schicken und nachfragen: praxis-wacker@t-online.de.

Milchsauer Vergorenes – auch aus dem Glas

Die milchsaure Gärung ist eine uralte Form der Konservierung. Milchsauer Vergorenes wird basisch verstoffwechselt und wirkt sich positiv auf die Arbeit der Darmbakterien aus. Dadurch wird das Immunsystem stimuliert.

Zahlreiche Studien, die in den vergangenen Jahrzehnten mit dem milchsauren Produkt Kanne Brottrunk gemacht wurden, belegen das. So hört man immer wieder von Erfolgen mit Kanne Brottrunk bei chronischen Erkrankungen, die mit einer Schwächung des Immunsystems einhergehen.

Auch Sauerkraut wird meist milchsauer vergoren angeboten. Durch seinen hohen Histamingehalt wird es allerdings von Menschen mit Allergien und Darmproblemen manchmal nicht so gut vertragen. Wenn Sie Allergiker sind – auch wenn Sie Pollenallergien haben – weichen Sie lieber auf andere milchsaure

Produkte aus. So habe ich von Eden einige Gläser mit milchsauer eingelegten Gemüsen entdeckt, die sich gut für das Basenfasten eignen. Legen Sie sich einige dieser Gläser zu – so haben Sie immer ein schnelles basisches Essen, falls ein plötzlicher »Stresseinbruch« Sie an der Vorbereitung Ihrer nächsten Basenfastenmahlzeit hindert.

Milchsauer Eingelegtes fürs Basenfasten

▪ Gemüseallerlei (Eden, Reformhaus)
▪ Rote Bete (Eden, Reformhaus)
▪ Sauerkraut, offen (Reformhaus, Naturkostladen, Wochenmarkt); in Glas oder Dose (Eden, Reformhaus)
▪ Sellerie (Eden, Reformhaus)
▪ Kanne Brottrunk

Basenfasten und Fertigprodukte ◀

Tiefkühlkost – so gut wie ihr Ruf?

Über den Nährwert der Tiefkühlkost kann man unterschiedlicher Ansicht sein. Vom Standpunkt der derzeit anerkannten Ernährungswissenschaft ist Tiefkühlkost oft frischer als Gemüse im Geschäft, das schon einige Tage liegt. Allein der Geschmack lässt zu wünschen übrig – das finde jedenfalls ich und mit mir viele Anhänger gesunder Frischkost. Das heißt nun nicht, dass man gänzlich darauf verzichten muss.

Denn: Es wird basisch verstoffwechselt. Wenn Sie nun einen stressigen Berufsalltag haben und keine Zeit haben, Gemüse zu schnippeln und zu kochen, dann ist das in wenigen Minuten fertige Tiefkühlgemüse einem Weizenbrötchen mit Wurst in jedem Fall vorzuziehen – und die gesündere Alternative. Wenn Sie allerdings Wert auf wirklich leckeren Geschmack legen, dann gibt es zum frischen Gemüse keine Alternative.

Mikrowelle – ja oder nein?

Der Mikrowelle gegenüber bin ich wesentlich kritischer eingestellt als der Tiefkühlkost. Niemand kann zur Zeit mit letzter Konsequenz sagen, was elektromagnetische Wellen und ihre Frequenzen in unserem Organismus bewirken. Ich möchte mich hier auf keine spekulative Ebene von Mikrowellengegnern begeben. Nur: Mir sind die Lebensmittel zu wertvoll, als dass ich sie mehr als nötig einem wahrscheinlichen Risiko aussetzen möchte – und das ist die Mikrowelle für mich.

In diesem Zusammenhang berichteten spanische Wissenschaftler in der Fachzeitschrift »Journal of the Science of Food and Agriculture« über ein interessantes Ergebnis: Brokkoli verlor beim Garen in der Mikrowelle etwa 85 % seiner wertvollen Antioxidanzien, beim Garen im Wasserdampf waren es hingegen nur rund 6 %. Das Kochen in der Mikrowelle ist demnach zwar einerseits schnell und praktisch, andererseits aber gerade für die Antioxidanzien am schädlichsten.

▪ Antioxidanzien wie die Vitamine C und E sowie Betacarotin sind in vielen Gemüsesorten enthalten. Sie schützen den Körper vor schädlichen Stoffen wie beispielsweise freien Radikalen, die das Erbgut schädigen und Krebserkrankungen auslösen können.

Was ist »basische« Kost?

Basometer: Alle Basenfasten-Nahrungsmittel auf einen Blick

Auf den folgenden Seiten sehen Sie, wie gehaltvoll Basenfasten ist – und vor allem, welch große Auswahl Sie haben!

Das Basometer plus zeigt Ihnen alle beim Basenfasten erlaubten Lebensmittel. Damit Sie sich einen Überblick über den Gehalt an wichtigen Vitalstoffen verschaffen können, sind hinter den Lebensmitteln jeweils die Vitamine und Mineralstoffe angegeben, die in besonders großer Menge darin enthalten sind. Ein »*« bedeutet, dass keine genauen Angaben vorlagen. Alle genannten Lebensmittel und Getränke bekommen Sie in gut sortierten Lebensmittelgeschäften, Reformhäusern und Naturkostläden. Obst, Gemüse, Kräuter und Keimlinge gibt es auf allen Wochenmärkten. Fertigprodukte, die sich zum Basenfasten eignen, und die Hersteller finden Sie in der Liste auf Seite 63.

Die ideale Tageszeit für einen Rohkostsalat ist mittags. Dazu und zu jedem Gemüse gehören frische Kräuter, denn sie peppen jedes Gericht geschmacklich auf. Als Zwischenmahlzeiten können Trockenobst, Mandeln und Oliven dienen. Empfehlenswerte Wässer und Teesorten habe ich Ihnen auf Seite 65 zusammengestellt.

Wenn Sie die Basenfastenwoche abwechslungsreich gestalten, dann mangelt es Ihnen an keinem Vitalstoff. Meine Bitte an Sie: Machen Sie sich mit dieser Tabelle keinen Stress und begehen Sie keine Erbsen- bzw. Vitalstoffzählerei. Essen Sie während der Basenfastenwoche einfach bunt – heute einen Rote-Bete-Salat, morgen einen Rukolasalat mit vielen Kräutern und frischen Sprossen usw.

■ Kauen Sie langsam und gründlich. So sind Ihnen die Vitalstoffe sicher.

Lust auf Süßes?

Zucker ist beim Basenfasten natürlich tabu – wenn Sie jedoch mal Lust auf Süßes haben, gibt es folgende Möglichkeiten:
■ Apfelsaftkonzentrat
■ Apfel- oder Birnenkraut
■ Agaven- oder Birnendicksaft

Basometer: Alle Basenfasten-Nahrungsmittel auf einen Blick ▶

Basenbildende Obstsorten

Obst	Wertvolle Inhaltstoffe
Äpfel	Pektin
Ananas	Mangan, Enzyme
Apfelbanane	Kalium
Aprikosen	Kalium, Vitamin A
Avocados	Kupfer, Kalium, Magnesium, Vit. B6
Bananen	Kalium, Magnesium, Silizium, Vitamin B6
Baumerdbeeren (Tamarillos)	*
Berberitze	Vitamin C
Birnen	Kalium, Eisen
Brombeeren	Mangan
Cherrymoya (Rahmapfel)	Kalium, Kalzium, Phosphor, Eisen
Clementinen	Vitamin C
Cranberries	Vitamin C
Datteln, frische	Kalium, Kalzium, Magnesium, Eisen, Kupfer
Drachenfrucht	Eisen, Phosphor, Kalzium
Esskastanien (Maronen)	Eisen
Erdbeeren	Eisen
Feigen	Kalium, Kalzium, Eisen
Granatäpfel	Kalium
Grapefruits	Vitamin C
Guaven	Kalium, Eisen, Vitamin C
Heidelbeeren	Eisen, Mangan
Himbeeren	Eisen, Mangan
Honigmelonen	Eisen, Vitamin A
Jackfrucht	Vitamin C
Jostabeeren	Vitamin C
Kakifrucht (Sharonfrucht)	Kalium, Phosphor, Mangan, Vitamine A und B
Kapstachelbeeren (Physalis)	*
Kirschen (sauer, süß)	Folsäure
Kiwis	Kalium, Magnesium, Eisen, Zink, Vitamin C
Kumquats	Vitamin C
Limetten	Vitamin C
Litschis	*
Loquats (jap. Mispel)	Kalium, Kalzium, Carotin
Mandarinen	Vitamin C

* Keine genauen Angaben verfügbar

53

Was ist »basische« Kost?

Basenbildende Obstsorten (Fortsetzung)

Obst	Wertvolle Inhaltstoffe
Mangos	Eisen, Vitamin A
Maracuja (Passionsfrucht)	Kalium, Magnesium, Eisen, Vitamin C
Maronen (Esskastanien)	Eisen
Melonen	*
Minneolas (Orangenmandarinen)	Vitamin C
Mirabellen	Eisen
Nektarinen	Vitamin C
Oliven (grün, schwarz)	Kalzium, Eisen – sehr basisch!
Orangen	Vitamin C
Orlando (Zitrusfruchtkreuzung)	Vitamin C
Pampelmusen	Vitamin C
Papayas	Magnesium, Eisen, Vitamin C, Enzyme
Passionsfrucht (Maracuja)	Kalium, Magnesium, Eisen, Vitamin C
Pfirsiche	Eisen
Pflaumen	Kalium, Eisen
Preiselbeeren	Kupfer, Mangan
Quitten	Eisen
Reineclauden	Kalium, Eisen
Rhabarber	*
Rosinen	Kalium, Mangan, Eisen
Rote Johannisbeeren	Kalium, Eisen, Mangan
Sanddornbeeren	Magnesium, Vitamin C
Satsumas	Vitamin C
Sauerkirschen	Folsäure
Schwarze Johannisbeeren	Kalium, Eisen, Mangan, Vitamin C
Stachelbeeren	Eisen
Sternfrüchte	*
Trauben	Vitamine B und C
Wasserkastanien	*
Wassermelonen	*
Weintrauben (weiß, rot)	Vitamine B und C
Zitronen	Kupfer, Vitamin C
Zwetschgen	Kalium, Eisen

Basometer: Alle Basenfasten-Nahrungsmittel auf einen Blick

Trockenobst, ungeschwefelt

Trockenobst	Wertvolle Inhaltstoffe
Ananas	Enzyme
Aprikose	Kalium, Eisen, Mangan
Banane	Kalium, Magnesium, Eisen, Mangan
Birne	Eisen, Zink
Brombeeren	Magnesium, Eisen, Zink, Mangan
Feigen	Eisen, Zink
Papaya	Enzyme
Pfirsich	Kalium, Eisen
Rosinen	Eisen, Zink

Trockenobst ist neben Oliven und Mandeln eine ideale Zwischenmahlzeit – vorausgesetzt, es ist ungeschwefelt. Getrocknetes Obst enthält Vitalstoffe in konzentrierterer Form – besonders hoch ist der Gehalt an Kalium, Magnesium und Eisen. Mittlerweile gibt es in Reformhäusern und Naturkostläden eine große Auswahl an getrockneten Obstsorten: Mango, Ananas, Papaya, Banane, Beeren, Äpfel, Feigen, Pflaumen usw. Bitte beachten Sie, dass sich in Trockenobst nicht nur der Vitalstoffgehalt konzentriert, sondern auch der Schadstoffgehalt.

■ Deshalb: Verwenden Sie ausschließlich Trockenfrüchte aus biologischem Anbau, die in der Regel auch ungeschwefelt sind. Schwefelung macht sauer.

Was ist »basische« Kost?

Basenbildende Gemüsesorten

Gemüse	Wertvolle Inhaltstoffe
Auberginen	Kalium, Magnesium
Bleichsellerie (Staudensellerie)	Kalium, Kalzium, Magnesium, Fluor, Vitamin A
Blumenkohl	Kalium, Vitamine C, K , B
Bohnen, grüne	Kalium, Magnesium, Eisen, Mangan, Molybdän, Silizium
Brokkoli	Kalium, Kalzium, Magnesium, Eisen, Zink, Mangan, Jod, Vitamine C, A, K, B, Folsäure
Butterrüben, gelbe	Kalium, Eisen
Carli-Paprika	Eisen, Vitamin C
Chinakohl	Vitamin C
Chicorée (rot, weiß)	Vitamin A
Dolma-Paprika	Vitamin C
Eiszapfen	*
Erbsen, frisch	Vitamin B, Folsäure
Fenchel	Kalium, Kalzium, Magnesium, Eisen, Mangan, Vitamin C
Frühlingszwiebeln	Kalium, Zink, Mangan
Grünkohl	Kalium, Kalzium, Magnesium, Eisen, Mangan, Vitamine A, E, B, sehr viel Vitamin K, Folsäure
Gurke	*
Karotten	Kalium, Kalzium, Eisen, Mangan, Vitamin A
Kartoffeln	Kalium, Kupfer, Vitamine der B-Gruppe
Knollensellerie	Kalium, Kalzium, Vitamin B, Folsäure
Kohlrabi	Eisen, Selen, Folsäure
Kürbisarten	Kalium, Eisen, Mangan, Vitamin A
Lauch (Porree)	Kalium, Kalzium, Magnesium, Eisen, Mangan, Silizium, Vitamine B, C, Folsäure
Mangold	Magnesium, Kalzium, Eisen, Mangan, Fluor, Vitamine A, B,C
Navets-Rübchen (weiße Rübchen, Teltower Rübchen)	Kalium, Kalzium, Vitamin C
Okraschoten	Kalium, Kalzium, Magnesium, Eisen, Kupfer, Mangan
Paprika	Kalium, Eisen, Vitamine C und A, E

56

Basometer: Alle Basenfasten-Nahrungsmittel auf einen Blick ▶

Basenbildende Gemüsesorten

Gemüse	Wertvolle Inhaltsstoffe
Pastinaken	Kalium, Kalzium, Magnesium, Eisen, Zink, Mangan
Petersilienwurzel	Kalium, Eisen, Kupfer, Fluor
Radieschen	Kalium, Eisen, Kupfer, Fluor, Vitamin C
Rettich	Kalium, Eisen
Romanesco (Blumenkohlart)	*
Rondini (Kürbisart)	*
Rote Bete	Kalium, Magnesium, Eisen, Kupfer, Mangan, Folsäure
Rotkohl	Kalium, Kalzium, Magnesium
Schalotten	Kalium, Zink, Mangan
Schwarzer Rettich	Kalium, Eisen (sehr basisch!)
Schwarzwurzel	Kalium, Magnesium, Eisen, Kupfer, Zink, Mangan, Vitamine E, B
Spinat	Kalium, Kalzium, Magnesium, Eisen, Mangan, Fluor, Jod, Vitamine A, E, K, B, C
Spitzkohl (Zuckerhut)	*
Staudensellerie (Bleichsellerie)	Kalium, Kalzium, Magnesium, Fluor, Vitamin A
Stielmus	*
Süßkartoffeln	Kalium, Eisen, Kupfer, Mangan, Vitamin B
Teltower Rübchen (Navets)	Kalium, Kalzium, Vitamin C
Tomaten	Kalium, Vitamin C, Lycopin
Topinambur	Kalium, Magnesium, Eisen, Zink
Trüffelkartoffeln (blaue Kartoffeln)	*
Urkarotten (Betakarotten)	Kalium, Kalzium, Eisen, Mangan, Vitamin A
Weißkohl	Kalium, Kalzium, Vitamine E, K
Wirsing	Kalium, Kalzium, Eisen, Mangan, Vitamine E, B, C
Zucchini	Kalium, Magnesium, Eisen
Zuckerschoten (Zuckererbsen)	Kalium, Kalzium, Magnesium, Eisen, Kupfer, Mangan
Zwiebeln	Kalium, Zink, Mangan

Was ist »basische« Kost?

Pilze

Pilze	Wertvolle Inhaltstoffe
Austernpilze	Vitamin B
Bovist	*
Champignons	Kalium, Eisen, Kupfer, Jod, Vitamine D, B
Egerlinge	Kalium, Eisen, Kupfer, Jod,
Herbsttrompeten	Kalium, Eisen, Kupfer, Jod, Fluor
Igel-Stachelbart (Pom-Pom blanc)	*
Kräuterseitlinge	Kalium, Eisen, Kupfer, Fluor
Limonenseitlinge	Kalium, Eisen, Kupfer, Fluor
Krause Glucke	*
Morcheln	Kalium, Eisen, Kupfer, Jod, Fluor, Mangan, Vitamin D
Mu-Err-Pilze	*
Pfifferlinge	Kalium, Eisen, Kupfer, Fluor Mangan, Vitamine A, B, D
Portabella-Pilze	*
Rosenseitlinge	Kalium, Eisen, Kupfer, Fluor
Samtfußrüpli	Kalium, Eisen, Kupfer, Fluor
Semmelstoppelpilze	*
Shiitake	Kalium, Eisen, Kupfer
Steinpilze	Kalium, Eisen, Kupfer, Jod, Fluor, Vitamine D, B
Trüffel	Kalium, Eisen, Kupfer, Jod, Fluor, Mangan

Basometer: Alle Basenfasten-Nahrungsmittel auf einen Blick ▶

Salate, Kräuter und Gewürze

Salate, Kräuter, Gewürze	Wertvolle Inhaltsstoffe
Basilikum	Kalium, Kalzium, Eisen, Zink, Mangan
Bataviasalat	*
Beinwell	*
Bertramwurzel (Hildegardgewürz)	*
Bibernell	*
Bockshornklee	*
Bohnenkraut	Eisen
Borretsch	Eisen
Brennnessel	Kalium, Kalzium, Magnesium, Eisen, Vitamin C
Brunnenkresse	Kalzium, Vitamin C
Chinakohl	*
Chicorée (rot, weiß)	Vitamin A
Chilischoten	*
Dill	Kalzium, Eisen, Zink, Mangan
Eichblattsalat	*
Eisbergsalat	*
Eistropfensalat	Eisen
Endivien	Kalium, Eisen, Vitamin A
Feldsalat	Kalium, Eisen, Zink, Fluor, Jod, Vitamin A, Folsäure
Fenchelsamen	*
Friséesalat	*
Gänseblümchen	*
Gartenkresse	Kalium, Kalzium, Magnesium, Eisen, Mangan, Vitamin C
Giersch	*
Glattpetersilie	Kalium, Kalzium, Eisen, Mangan, Kupfer, Zink, Silizium
Hildegard-Gewürze (nach Hildegard von Bingen)	*
Ingwer	Eisen, Kalium, Magnesium, Phosphor,
Kamille	*
Kapern (ohne Essig)	*
Kapuzinerkresse	Kalzium, Eisen, Vitamin C
Kardamom	*

59

Was ist »basische« Kost?

Salate, Kräuter und Gewürze (Fortsetzung)

Salate, Kräuter, Gewürze	Wertvolle Inhaltstoffe
Kerbel	*
Koriander	*
Kopfsalat	Vitamine A, K
Kreuzkümmel	*
Kümmel	*
Kurkuma	*
Lattich	*
Lavendelblüten	*
Liebstöckel	Zink, Eisen
Löwenzahn	Kalium, Kalzium, Eisen, Mangan
Lollo-Rosso-Salat	*
Lollo-Bionda-Salat	*
Majoran	Eisen
Meerrettich	Kalium, Eisen
Melde (spanischer Spinat)	Eisen
Melisse	*
Mizuna (jap. Senfsalat, grün und rot)	*
Muskatnuss	*
Nelken	*
Orchideensalat	*
Oregano	*
Pak Choi (jap. Blattsalat)	*
Petersilie	Kalium, Kalzium, Eisen, Mangan, Kupfer, Zink, Silizium, Vitamin K
Pfeffer (weiß, rot, schwarz)	*
Pfeffer (grün)	Vitamin C
Pfefferminze	*
Piment (Nelkenpfeffer)	*
Postelein (Portulak)	Eisen, Magnesium
Radicchio	Eisen, Mangan
Romanasalat	*
Rosmarin	Eisen
Rukola (Rauke)	Kalium, Kalzium, Eisen
Safran	*
Salbei	Eisen

Basometer: Alle Basenfasten-Nahrungsmittel auf einen Blick ▶

Salate, Kräuter und Gewürze

Salate, Kräuter, Gewürze	Wertvolle Inhaltsstoffe
Sauerampfer	Eisen, Kalium, Magnesium, Zink
Schabzigerklee	*
Schachtelhalm	Kieselsäure (Silizium)
Schnittlauch	Eisen, Zink, Vitamin K
Schwarzkümmel	*
Sellerieblätter	*
Sprossen	Vitamine, alle Mineralien
Thymian	Eisen (der Eisengehalt von 50 g entspricht der empfohlenen Tagesmenge)
Tumeric (Kurkuma)	*
Vanille	*
Veilchenblüten	*
Wildkräutermischung	*
Winterkresse	*
Ysop	Eisen
Zimt	*
Zitronenmelisse	*
Zitronenpfeffer	*
Zitronenthymian	*
Zucchiniblüten	*

Wie Sie sehen liegen für viele Salatsorten und Kräuter keine detaillierten Angaben über ihren Vitalstoffgehalt vor. Aus den wenigen erhältlichen Angaben geht hervor, dass Kopfsalate eher normale Mengen an Mineralstoffen und sekundären Pflanzenstoffen aufweisen, Kräuter dagegen besonders reich an Mineralstoffen sind. Besonders die Mittelmeerkräuter Thymian, Rosmarin und Oregano weisen extrem hohe Eisenwerte auf. Kräuter sind zudem sehr reich an sekundären Pflanzenstoffen. Die meisten Kräuter fördern zudem die Verdauung, viele fördern die Bekömmlichkeit der Nahrung und einige, wie Kapuzinerkresse und Schwarzkümmel wirken immunstimulierend.

■ Deshalb: Zu jeder Mahlzeit eine Extraportion Kräuter und Sprossen (siehe Seite 62), zu jeder Obstmahlzeit und jedem Saft ein wenig Minze oder Zitronenmelisse extra!

Was ist »basische« Kost?

Samen, Keime, Sprossen

Samen	Wertvolle Inhaltstoffe
Alfalfa (Luzerne)	Bioaktive Stoffe
Amarant	Bioaktive Stoffe
Bockshornklee	Bioaktive Stoffe
Brokkoli	Bioaktive Stoffe, Vitamin C
Buchweizen	Bioaktive Stoffe. B-Vitamine
Dinkel	Bioaktive Stoffe, B-Vitamine
Erbsen (Erbsenspargel)	Bioaktive Stoffe
Fenchelsamen	Bioaktive Stoffe
Gerste	Bioaktive Stoffe, B-Vitamine
Hafer	Bioaktive Stoffe, B-Vitamine
Hirse	Bioaktive Stoffe, Silizium
Kichererbsen	Bioaktive Stoffe
Koriandersamen	Bioaktive Stoffe
Kresse	Bioaktive Stoffe, Vitamin C
Leinsamen	Bioaktive Stoffe, ungesättigte Fettsäuren
Linsen	Bioaktive Stoffe
Mungobohnen	Bioaktive Stoffe, B-Vitamine, Vitamine A, C, E, Kalzium, Eisen, Kalium, Phosphor
Radieschen	Bioaktive Stoffe
Reis	Bioaktive Stoffe, Vitamin C, B-Vitamine, Kalzium, Eisen, Zink, Kalium, Mangan, Phosphor
Rettich	Bioaktive Stoffe
Rosabi (Kohlrabiart)	Bioaktive Stoffe
Rotklee	Bioaktive Stoffe
Rukola	Bioaktive Stoffe
Sesam, ungeschält	Bioaktive Stoffe, Kalzium
Senf	Bioaktive Stoffe
Sojabohnen	Bioaktive Stoffe
Sonnenblumenkerne	Bioaktive Stoffe, ungesättigte Fettsäuren, B-Vitamine, Vitamine D, E, F, K, Proteine, Mangan, Kupfer, Phosphor
Weizen	Bioaktive Stoffe, Vitamin B_{12}, Folsäure, Eisen, Kalzium, Selen
Zwiebelsprossen	Bioaktive Stoffe

Basometer: Alle Basenfasten-Nahrungsmittel auf einen Blick ▶

Basische Fertiggerichte

Fertiggericht	Hersteller	Wo erhältlich
Apfelmus ohne Zucker	Eden	Reformhaus
Aprikosen im Glas	Morgenland	Naturkostladen
Asiatische Pilzmischung im Glas	Alber	Naturkostladen
Basilikum in Olivenöl	La Selva	Naturkostladen
Brechbohnen im Glas	Bergquell	Naturkostladen
Champignons im Glas	Alber	Naturkostladen
Crema di Paprika	Rapunzel	Naturkostladen
Feigen im Glas	Morgenland	Naturkostladen
Dillgurken ohne Essig	Eden	Reformhaus
Grapefruit im Glas	Morgenland	Naturkostladen
Kalamata-Oliven (schwarz) in Salzlake	Rapunzel	Naturkostladen
Kürbiskerncreme	Eisblümerl	Naturkostladen
Manaki-Oliven (grün) in Olivenöl	Rapunzel	Naturkostladen
Möhren im Glas	Demeter	Naturkostladen
Mohnaufstrich	Eisblümerl	Naturkostladen
Olivenpaste	Rapunzel	Naturkostladen
Pfirsiche im Glas	Morgenland	Naturkostladen
Pfifferlinge im Glas	Alber	Naturkostladen
Pflaumen im Glas	Morgenland	Naturkostladen
Rote Bete, vorgekocht	*	Wochenmarkt, Bioläden, Supermärkte
Rotkohl, vorgekocht	*	Wochenmarkt
Rukolapesto ohne Knoblauch	La Selva	Naturkostladen
Sauerkirschen im Glas	Morgenland	Naturkostladen
Sonnenblumenkernmus	Monki	Bioladen
Steinpilze im Glas	Alber	Naturkostladen
Tahin (Sesampaste)	*	Reformhaus, Naturkostladen
Tiefkühlgemüse natur, ohne Butter, Sahne und Knoblauch	*	Bioläden, Supermärkte
Verde pesto ohne Knoblauch	La Selva	Naturkostladen

Was ist »basische« Kost?

Sonstige Nahrungsmittel

Nahrungsmittel	Wertvolle Inhaltstoffe
Algen (Nori, Wakame, Hijiki, Chlorella, Spirulina)	Jod, Kalzium, Eisen
Blütenpollen	Vitalstoffkonzentrat
Erdmandelflocken (Chufas Nüssli)	Ballaststoffe
Hanfsamen, geröstet	*
Kanne Brottrunk	*
Kürbiskerne	Magnesium, Eisen, Kupfer, Mangan
Kürbiskernmus	*
Leinsamen, -schrot	Magnesium, Eisen, Mangan, Vit. E
Mandeln	Kalzium, Magnesium, Eisen, Mangan, Vitamin E
Mandelmus	Kalzium, Magnesium, Eisen, Mangan
Mohnsamen	Magnesium, Eisen, Zink, Kupfer, Mangan
Ölsaatenmischung	*
Sesam	Kalzium, Magnesium, Eisen, Zink, Kupfer, Mangan
Sesamsalz (Gomasio)	Kalzium, Magnesium, Eisen, Zink, Kupfer, Mangan
Sonnenblumenkerne	Magnesium, Eisen, Zink, Kupfer, Mangan, Vitamin E
Sonnenblumenkernmus	Magnesium, Eisen, Zink, Kupfer, Mangan
Tahin (Sesammus)	Kalzium, Magnesium, Eisen, Zink, Kupfer, Mangan
Umeboshi-Aprikosen	*
Walnüsse (frische)	Magnesium, Mangan, Fluor

Basometer: Alle Basenfasten-Nahrungsmittel auf einen Blick ◄

Öle

Öle	Wertvolle Inhaltstoffe
Arganöl (auch geröstet)	ungesättigte Fettsäuren, Vitamin E
Leinöl	Omega-3-Fettsäuren, Vitamin E
Distelöl	ungesättigte Fettsäuren, Vitamin E
Hanföl	Omega-3-, Omega-6-, Omega-9-Fettsäuren
Haselnussöl (auch geröstet)	ungesättigte Fettsäuren, Vitamin E
Kürbiskernöl	ungesättigte Fettsäuren, Vitamin E
Maiskeimöl	ungesättigte Fettsäuren, Vitamin E
Mandelöl	ungesättigte Fettsäuren
Olivenöl	ungesättigte Fettsäuren, Vitamin E, Vanadium
Rapsöl, Rapskernöl	ungesättigte Fettsäuren, Vitamin E
Sesamöl (auch geröstet)	ungesättigte Fettsäuren, Vitamin E, Kalzium
Sonnenblumenöl	ungesättigte Fettsäuren, Vitamin E, Vanadium
Traubenkernöl	ungesättigte Fettsäuren, Vitamin E
Walnussöl	ungesättigte Fettsäuren, Vitamin E
Weizenkeimöl	ungesättigte Fettsäuren, Vitamin E

Empfehlenswerte Wässer

Wasser	Wo erhältlich
Lauretana	Naturkostläden, Reformhäuser
Mont Roucous	Reformhäuser
Plose-Wasser	Naturkostläden, Reformhäuser, Restaurants

Teesorten

Tee	Wo erhältlich	
Abendtraum	Lebensbaum	Naturkostläden
Kräutertraum	Lebensbaum	Naturkostläden
Morgengruß	Lebensbaum	Naturkostläden
Haustee	Lebensbaum	Naturkostladen
Everstaler	Everstaler	Reformhäuser
24 Kräutertee Basen-Balance	Salus	Reformhäuser
Guten-Morgen-Tee	Sonnentor	Naturkostläden

1 Woche Basenfasten

Am besten funktioniert die Basenfastenwoche, wenn Sie vorher alles so gut planen, wie Sie das von Ihrer täglichen Arbeit her gewohnt sind. Nach der optimalen Vorbereitung geht es dann los mit einer Woche Basenfasten und dem entsprechenden Rahmenprogramm. So können Sie Tag für Tag richtig gut entsäuern – zum Wohle Ihrer Gesundheit!

1 Woche Basenfasten

Die optimale Vorbereitung

Eine gute Planung erleichtert Ihnen die Durchführung Ihres 7-Tage-Programms.

Die Erfahrung zeigt, dass die meisten Menschen eher träge sind, wenn es darum geht, etwas in ihrem Leben zu verändern – und sei es auch nur kurzfristig. Für all diese Menschen bieten die nächsten Seiten eine optimale Vorbereitung auf das 7-Tage-Programm. Denn die Basenfastenwoche funktioniert am besten, wenn Sie dabei alles so gut durchorganisieren, wie Sie das von Ihrer täglichen Arbeit her gewohnt sind.

Machen Sie sich auch nicht zu viel Gedanken darum, wann Sie am besten mit dem 7-Tage-Programm beginnen sollten – Zeit haben Sie sowieso nie! Nehmen Sie es sich einfach vor und planen Sie es entsprechend in Ihren Alltag ein. Und freuen Sie sich darüber, wie veränderungsfähig ein noch so voll gestopfter Alltag sein kann. Durch Veränderungen bekommt unser Leben neuen Schwung. Und daran mangelt es in der über uns hinwegrasenden Zeit dann doch.

■ Beginnen Sie das 7-Tage-Programm an einem Wochenende, am besten freitags.

Das hat einige Vorteile. Wenn Sie sich während der ersten zwei bis drei Tage etwas schlapp fühlen sollten – was eigentlich immer nur dann der Fall ist, wenn man ein notorischer Kaffee- oder Colatrinker ist –, dann können Sie sich am Wochenende mal so richtig durchhängen lassen. Auch chronischer Schlafmangel, unter dem übrigens viele Berufstätige leiden, kann zu einem anfänglichen »Schwächeln« führen. So können die ersten beiden Fastentage von Müdigkeit geprägt sein, was eigentlich ganz natürlich ist, da Ihnen Ihr Körper während des Fastens seine Bedürfnisse deutlicher signalisiert. Gehen Sie diesen Bedürfnissen nach und erholen Sie sich am Wochenende – so starten Sie fit in die Arbeitswoche mit Basenfasten.

Die meisten Menschen fühlen sich jedoch beim Basenfasten von Anfang an fit und leistungsfähig. Der Basenfastenstart zum Wochenende hat auch den Vorteil, dass Sie am Samstag in Ruhe einkaufen und am Sonntag einige Gerichte vorbereiten können, um sie während der Basenfastenwoche mit ins Büro zu nehmen.

Die optimale Vorbereitung ▶

Mindestens 2 Wochen davor: Termine machen

Wann nun die Vorbereitung für Sie genau beginnt, das hängt davon ab, welches »Rahmenprogramm« Sie in dieser Woche neben der basischen Ernährung durchführen möchten: Wollen Sie sich ein oder zwei Entspannungsmassagen geben lassen, wollen Sie einen Termin im Hamam machen, wollen Sie den Darm mit Colon-Hydro-Therapie reinigen lassen? Alle diese Entsäuerungsmaßnahmen erfordern eine rechtzeitige Terminierung in Ihrem Kalender, aber auch in dem des Therapeuten.

Vergessen Sie nicht, sich Ihre Wellnessoasen zum Auftanken in das 7-Tage-Programm einzuplanen. Jetzt ist es an der Zeit, diese Termine zu organisieren, wenn Sie sich während der Basenfastenwoche ein wenig verwöhnen lassen wollen. Ob Sie sich nun eine ayurvedische Ölmassage geben lassen oder sich im Türkischen Bad (Hamam) einer kräftigen Seifenmassage unterziehen – diese Behandlungen wirken entspannend und fördern dabei die Entsäuerung. Wenn Sie keine Termine mehr bekommen, sind Saunabesuche oder der Besuch eines Irisch-Römischen Bades ebenfalls eine gute entsäuernde Maßnahme.

▲ Seifenmassage im Hamam.

Auch wenn Sie sich für eine Colon-Hydro-Therapie zur Darmreinigung entschieden haben, sollten Sie spätestens jetzt Ihre Termine buchen. Erkundigen Sie sich, wer die Therapie durchführt, wie lange sie dauert (mindestens 35 Minuten) und ob Sie auch eine Darmmassage erhalten.

Eine Woche davor: Kaffeekonsum reduzieren

Wenn Sie viel Kaffee trinken, sollten Sie etwa eine Woche vor dem Programm damit beginnen, den Kaffee wegzulassen. Kaffee kann zu echten Entzugserscheinungen führen und kann das Wohlfühlgefühl beim Basenfasten mindern. Gerade die ersten zwei oder drei Tage ohne Kaffee erleben viele Menschen mit Kopfdruck, Schwindel, Müdigkeit und Antriebslosigkeit.

1 Woche Basenfasten

Danach hat sich der Körper wieder normalisiert und Sie sind ohne Kaffee so frisch wie sonst nur mit Kaffee. Ich freue mich immer wieder, wenn mir Basenfastenteilnehmer nach einer Woche erzählen, dass sie nun, ohne Kaffee und mit ihrem Obstfrühstück morgens viel früher wach und fit sind. Wenn Sie nun aber ein notorischer Kaffeetrinker sind und direkt am ersten Basenfastentag den Kaffee weglassen, könnten Sie zu dem falschen Schluss kommen, dass Obst und Gemüse Sie schlapp machen. Dabei ist es nur die Umstellungsphase des Stoffwechsels auf den Kaffeeentzug. Auch Zigaretten und Schokolade sollten Sie nun langsam reduzieren – das mindert die Entzugserscheinungen. Zigaretten sind zwar nicht direkt säurebildend, pumpen Ihnen aber eine solche Menge an Giften in den Körper, dass dadurch eine optimale Entsäuerung des Stoffwechsels verhindert wird.

Der Tag davor

Das 7-Tage-Basenfasten-Erfolgsprogramm für Eilige beginnt am Vortag, also am Donnerstag – spätestens am Abend, mit einigen Vorbereitungen:

Checkliste für den Tag davor

- Erster Einkauf
- Kühlschrank entsäuert?
- Darm entleeren
- Innerliches Einstellen auf Basenfasten
- Mittagessen für den ersten Basenfastentag im Büro vorbereiten
- Steht ein basisches Notessen für die Heißhungerattacke nach Feierabend bereit?
- Getränke für den nächsten Tag richten
- Basische Snacks fürs Büro richten

Erster Einkauf

Kaufen Sie die Lebensmittel entsprechend der Einkaufsliste ein, es sei denn, Sie mögen das ein oder andere Lebensmittel überhaupt nicht. Diese Woche muss nicht zwingend mit diesen Rezepten durchgeführt werden. Es sind lediglich Vorschläge, die so zusammengestellt sind, dass Sie während der Basenfastenwoche eine ausgewogene Nährstoffzusammensetzung haben. Natürlich dürfen Sie auch fünf Tage nacheinander Kartoffelsuppe essen – was aber eben nicht ausgewogen ist.

Kühlschrank entsäuert?

Stellen Sie alle säurebildenden Verführer aus Sicht- und Reichweite: Schokolade, Brot, Käse, Alkohol, Nudeln, Sahne und Jogurts sollten gut versteckt oder

Die optimale Vorbereitung ▸

Einkaufsliste für die Basenfastenwoche

Die folgende Einkaufsliste enthält basische Nahrungsmittel und Getränke, die Sie während der Basenfastenwoche benötigen. Bitte beachten Sie: Wenn Sie sich bei den Rezepten für die »Alternativen« entscheiden, dann müssen Sie eventuell einige Zutaten zusätzlich einkaufen:

- Reines Quellwasser, wie Lauretana – 20 bis 25 Liter
- Kräutertees, die keine Früchte enthalten
- Kaltgepresste Öle (Oliven-, Sonnenblumen-, Distel-, Sesam- oder andere Öle) – achten Sie darauf, dass Sie ein Öl von sehr guter Qualität kaufen, d. h. der Anteil an ungesättigten Fettsäuren sollte mindestens 80 % betragen.
- Etwa 8 Zitronen für das Salatdressing und für die Fruchtsalate
- Gomasio (= Sesamsalz), Kräutersalz, Meer- oder Himalayasalz, 1 Päckchen Sesamsaat, 1 Päckchen Sonnenblumenkerne aus kontrolliert biologischem Anbau, Chufas Nüssli (Erdmandelflocken/ Reformhaus oder Apotheke) – wahlweise geschroteten Leinsamen aus der Apotheke; Brecht-Gewürze (Reformhaus)
- 2 Päckchen Gemüsebrühe als Würfel oder in der Dose – achten Sie darauf, dass die Gemüsebrühe keine Geschmacksverstärker wie Glutamat enthält.
- Fertig gekeimte Sprossen oder Sprossenmischungen vom Wochenmarkt
- Frische Kräuter der Saison – empfehlenswert ist es, sich ein oder zwei Töpfe mit Kräutern auf die Fensterbank zu stellen.
- Obst: Bananen, Äpfel, Kiwis, 1 reife Flugananas, 1 reife Mango, im Sommer auch Beeren

- Gemüse: 1 Fenchelknolle, 1 kg Karotten, 1 Pastinake, 1 Päckchen (500 g) vorgekochte Rote Bete aus dem Naturkostladen oder vom Wochenmarkt, 1 Päckchen (500 g) vorgeschnittenes Suppengemüse vom Wochenmarkt, je 1 Glas milchsauer eingelegten Sellerie (Eden), 1 Glas Olivenpaste (Rapunzel), 1 Avocado, 1 Bund Frühlingszwiebeln, 1 kg Kartoffeln, 1 Schälchen reife Cocktailtomaten
- Zwischenmahlzeiten: 2–3 Päckchen ungeschwefelte Trockenfrüchte, beispielsweise Äpfel, Feigen, Mangos. Ein Päckchen Oliven vom Markt oder vom Naturkostladen (Kalamata oder Sevilanas – ohne Knoblauch und Essig), 1 Päckchen Mandeln, 1 Glas Mandelmus (ohne Honigzusatz)
- 200–250 g Feldsalat (im Sommer Rukola) – Salat sollte sehr frisch sein und deshalb immer nur für 2 Tage eingekauft werden. Mitte der Woche: 1 Bataviasalat (wahlweise: 1 Eisberg- oder Pflücksalat).

Entfernen Sie einige Tage vor dem Programm alle Säurebildner aus dem Kühlschrank, damit zu Beginn der Basenfastenwoche keine »Verführer« Ihre Pläne durchkreuzen können. Verbannen Sie in der Küche alles Saure aus Ihrem Blickfeld. Es ist sehr hilfreich, wenn Sie sich hier selbst motivieren, indem Sie sich in Ihrer Küche mit appetitlichem Obst und Gemüse und mit basischen Snacks umgeben. So kommen Sie gar nicht erst auf die Idee, zu etwas Saurem zu greifen.

GUT ZU WISSEN

1 Woche Basenfasten

▲ Viel Basisches in Sicht- und Griffnähe schützt vor Säurefallen.

Wie diese Methoden funktionieren und wie Sie diese durchführen, lesen Sie bitte ab Seite 18.

Innerliches Einstellen auf Basenfasten

Während Sie Ihren Darm reinigen, können Sie diese Gelegenheit dazu nutzen, sich innerlich auf die Basenfastenwoche einzustellen. Das angenehme Gefühl von Leere, das sich nach einer guten Darmreinigung einstellt, wird sie moralisch bei Ihrem Vorhaben unterstützen. Oft stellt sich nach einer Darmreinigung auch ein freieres Gefühl ein, vor allem im Kopf. Das ist besonders nach einem nervtötenden Arbeitstag eine echte Entlastung.

verschenkt werden. Der Blick in den Kühlschrank ist dann ein Blick auf buntes, frisches Gemüse und Salat – wie auf dem Wochenmarkt –, er soll Appetit auf Frisches und Gesundes machen.

Darm entleeren

Heute Abend sollten Sie das erste Mal Ihren Darm entleeren:
▪ Mit Glaubersalz bzw. Bittersalz, oder
▪ ein Einlauf mit einem Irrigator, oder
▪ mit Colon-Hydro-Therapie.

Mittagessen für den ersten Basenfastentag im Büro

Wenn Sie nun die richtige Einstellung zum Basenfasten haben, können Sie sich dem ersten Rezept für den nächsten Tag zuwenden. Es ist für diejenigen, die nach dem grünen System (siehe Alltagsstress-Check Seite 31) basenfasten, ein Karotten-Navets-Salat (Rezept siehe Seite 102), der einfach und dazu schnell zubereitet ist. Wenn Sie aus Zeit- oder Unlustgründen nach dem gelben oder roten System basenfasten, dann besteht Ihre Vorbereitung nur in wenigen Handgriffen, die stressfreier am Abend erledigt werden können:

Die optimale Vorbereitung ◀

- Waschen Sie den Feldsalat, lassen Sie ihn gut abtropfen und verteilen Sie ihn dann auf zwei Tupperschüsseln (2 Portionen).
- Geben Sie ein Viertel des Dressings (Rezepte Seite 100) in eine kleine Tupperschüssel oder in ein kleines Döschen.

Basisches Notessen für den Feierabend?

Und nun zu einem sehr wichtigen Vorbereitungspunkt: Stellen Sie sicher, dass ein basisches Notessen für die Heißhungerattacken nach Feierabend zu Hause wartet. Es macht mitunter den willensstärksten Menschen schwach, wenn er nach einem anstrengenden Arbeits- oder Haushaltstag hungrig den Kühlschrank öffnet – und dort nichts bzw. nur einen Säurebildner zu essen findet (siehe auch Seite 70).

Getränke für den nächsten Tag richten

Stellen Sie sich eine Thermoskanne bereit, die Sie am nächsten Tag mit ins Büro nehmen können. Nehmen Sie einige Beutel Ihres Kräutertees mit ins Büro. Wenn Sie keine Möglichkeit haben, an Ihrem Arbeitsplatz Wasser für Tee zu kochen, dann bereiten Sie sich den Tee morgens zu Hause und nehmen Ihn mit ins Büro. Stellen Sie sich abends alles so auf Ihren Küchentisch, dass Sie morgens nur noch das Wasser abkochen müssen.

- Packen Sie abends eine Flasche Quellwasser ein, damit Sie in der morgendlichen Hektik nicht mehr daran denken müssen.

Basische Snacks fürs Büro richten

Legen Sie sich auch Ihre basischen Zwischenmahlzeiten abends zurecht. Am besten packen Sie gleich alles in Ihre Tasche, damit Sie die Snacks morgens griffbereit an Ihrem Arbeitsplatz haben.

Basisches Snackpaket fürs Büro

- Eine Banane oder ein Apfel für die Vormittagspause. Wenn Sie keine süße Zwischenmahlzeit wollen, können Sie sich auch eine Paprika, eine Karotte oder einen Kohlrabi mit ins Büro nehmen.
- Trockenfrüchte: Äpfel, Feigen, Ananas, Bananen, Mangos – ganz nach Belieben.
- Ein Päckchen Oliven vom Markt oder vom Naturkostladen (Kalamata oder Sevilanas – ohne Knoblauch und Essig)
- Ein Päckchen Mandeln
- Ein Glas Dillgurken (Reformhaus, Eden)

73

1 Woche Basenfasten

7 Tage Basenfasten auf einen Blick

GUT ZU WISSEN

Wenn Sie den Alltagsstress-Check auf Seite 31 gemacht haben, wissen Sie ja bereits, welche Farbe der Basenampel am besten zu Ihnen passt:

Die Basenampel

● Ich kann so viel Zeit erübrigen, dass ich alles frisch zubereite.
● Ich kann ab und zu mal etwas frisch zubereiten, werde aber auch mal ein basisches Fertigprodukt einbauen.
● Ich habe keine Zeit und werde deshalb häufig im Restaurant oder in der Kantine essen.

Das folgende 7-Tage-Programm beinhaltet alle Farben der Basenampel, Sie dürfen also auch schon mal basische Gerichte im Restaurant oder in der Kantine essen oder mit fertig gekauften basischen Mahlzeiten oder Fertigzubereitungen aus dem Naturkostladen oder dem Reformhaus »mogeln«. Außerdem können Sie jederzeit die Farbe des Programms wechseln: Wenn Sie beispielsweise vorhatten, ab Freitag nach dem grünen Basenfasten-Programm zu fasten – sich also alles frisch zuzubereiten –, Ihr Chef Ihnen aber am Montag plötzlich zwei Auswärtstermine aufbrummt, dann wechseln Sie doch einfach ins rote Programm und bedienen Sie sich am Salatbüffet Ihrer Kantine. Es ist völlig egal, wie oft Sie innerhalb der drei Farben wechseln – solange Sie sich nur basisch ernähren.

Die Rezepte in den Speiseplänen zu den einzelnen Tagen sind übrigens nur Vorschläge – wenn Ihnen das eine oder andere Gericht des Speiseplans nicht gefällt, finden Sie jede Menge Alternativen im Rezeptteil ab Seite 96.

Frühstück

● Wenn Sie einen Entsafter haben, können Sie sich einen Saft pressen. Denken Sie daran: Der Saft zum Frühstück ist eine Mahlzeit – trinken Sie ihn so langsam, als ob Sie ihn essen würden.
● Sie können auch alternativ einen frisch zubereiteten Obstsalat essen.
● Wenn Sie wissen, dass bei Ihnen der Hunger eher am späten Vormittag kommt, bereiten Sie sich ein basisches Müsli (siehe Seite 98) vor und nehmen es mit ins Büro.
● Wenn Sie besonders hungrig sind, essen Sie gleich ein basisches Müsli.
● Wenn Sie morgens noch keinen Hunger haben, trinken Sie einfach einen Becher heißes Wasser oder einen Becher verdünnten Kräutertee. Am Wochenende können Sie auch das Frühstück einfach ausfallen lassen und den Tag gleich mit dem Mittagessen beginnen.
● Sie brauchen morgens nicht zu frühstücken, nehmen Sie sich einfach einen Apfel oder eine Banane mit ins Büro.

Mittagessen

● Wenn Sie sich das Essen frisch zubereiten und den in den Speiseplänen vorgeschlagenen Salat nicht mögen, können

7 Tage Basenfasten auf einen Blick

Basenfasten-Fahrplan für Eilige

- Frühstück: eine kleine Obstmahlzeit (roh) oder ein frisch gepresster Saft; für Hungrige ein basisches Müsli.

- Mittagessen: Salat und/oder Gemüse (roh und/oder gegart)

- Dessert: Mandeln oder Trockenobst

- Abendessen: eine Gemüsesuppe oder Gemüse (gegart)

- Zwischenmahlzeiten: Mandeln, Trockenfrüchte, Oliven

- Getränke: 2–3 Liter pro Tag Quellwasser, warm oder kalt. Auch stark verdünnte Kräutertees sind erlaubt.

- Darmreinigung: alle 2–3 Tage mit Glaubersalz, Einlauf oder Colon-Hydro-Therapie

- Bewegung: jeden Tag oder jeden 2. Tag 30–45 Minuten Laufen, Walken, Schwimmen oder Joggen

- Sonstige Maßnahmen: entstressen Sie! Gönnen Sie sich Massagen oder Wasseranwendungen – und gehen Sie früh zu Bett.

Sie sich auch einen anderen Salat zubereiten (Rezepte ab Seite 101).

- Wenn Sie etwas Warmes brauchen, kochen Sie Wasser ab und lösen einen Gemüsebrühwürfel darin auf. Essen Sie erst eine Portion Salat und trinken Sie dann die Gemüsebrühe.

- Wenn Sie keine Lust oder Zeit haben, den Salat zu Hause vorzubereiten, suchen Sie sich in der Kantine ein basisches Gericht oder einen Salat aus. Das basische Dressing dazu können Sie ja von zu Hause mitbringen, beispielsweise in einer kleinen Tupperdose. Sie können sich das Dressing im Restaurant/in der Kantine auch selbst zubereiten: Lassen Sie sich Zitronensaft, Öl, Pfeffer und Salz geben – Essig und Sahne sind jedoch tabu!

- Wenn Sie in der Innenstadt arbeiten, haben Sie sicher Gelegenheit, Salat-

büffets in Selbstbedienungsrestaurants oder einen Dönerladen aufzusuchen: Hier gibt es häufig tolle unangemachte Salate. Bringen Sie sich auch hier das basische Dressing von zu Hause mit.

Abendessen

- Bereiten Sie das Abendessen im Gemüsedämpfer zu – da das Gemüse im Dampf gegart wird, bleiben Geschmack und Vitamine erhalten und das Gemüse schmeckt superlecker.

- Essen Sie eine Avocado und trinken Sie danach eine Brühe, die Sie aus Wasser und einem Gemüsebrühwürfel zubereitet haben.

- Nehmen Sie sich vom Italiener um die Ecke etwas gegrilltes oder gedünstetes Gemüse mit nach Hause.

GUT ZU WISSEN

1 Woche Basenfasten

Erster Tag (Freitag)

Der heutige Tag ist der Einstieg in Ihre Basenfastenwoche –
im Basics Check sehen Sie auf einen Blick, an was Sie denken müssen.

So, nun geht es los – Sie haben gestern Abend alle Vorbereitungen getroffen und starten nun mit Elan in die Basenfastenwoche. Beginnen Sie diesen ersten Tag sowie alle folgenden Basenfastentage stets mit dem Basics-Check – siehe rechts.

Kochen Sie sich das Wasser für Ihren Tee, den Sie mit ins Büro nehmen. Packen Sie die Salate, das Dressing, den Tee, ein bis zwei Flaschen Wasser und die basischen Snacks ein.

Die Pellkartoffeln am Abend gehen wirklich superschnell – bis Sie Ihre E-Mails abgefragt und sich's bequem gemacht haben, sind die Kartoffeln längst fertig. Danach folgt noch die Darmreinigung. Wenn Sie mögen, gönnen Sie sich zum Wochenende ein Basenbad zur Entspannung.

DAS GIBT ES HEUTE

Speiseplan für den ersten Tag

- Frühstück: eine Banane in Scheiben schneiden, einen halben Apfel in dünne Scheiben schneiden, den Saft einer halben Zitrone darübergießen.
- Zwischenmahlzeit: einen Apfel oder eine Banane.
- Mittagessen: eine Portion Feldsalat mit frischen Champignons (Seite 101) und Karotten-Navets-Salat (Seite 102) den Sie am Vorabend zubereitet haben.
  Alternative: ein anderer Blattsalat, im Sommer empfiehlt sich beispielsweise Rukola.

- Dessert*: 3–4 Mandeln oder getrocknete Feigen.
- Zwischenmahlzeit*: Trinken Sie erst mal einen Becher Tee oder Wasser, wenn der Hunger kommt. Nur wenn das nicht reicht, essen Sie 2–3 Mandeln oder Oliven.
- Abendessen: 3 Pellkartoffeln mit Avocadocreme (Seite 111).

* erlaubt, wenn Ihnen danach ist

Erster Tag (Feitag)

Basics-Check

1. Motivation
Wie steht es heute mit Ihrer Motivation? Warum wollten Sie noch mal basenfasten? Ah ja – genau, weil …

2. Ernährung: 100 % basisch
- Haben Sie die Speisen für die Mittagspause vorbereitet?
- Sind noch Obst und Snacks für die Pausen einzupacken?
- Ist das Abendessen schon vorbereitet?
- Müssen Sie nach Geschäftsschluss noch kurz was einkaufen?
- Haben Sie zu Hause ein Notessen für Heißhungerattacken bereitstehen?

3. Genuss
Denken Sie daran: Wenn Sie das, was Sie sich zubereitet haben, langsam und mit Genuss essen, dann haben Sie und Ihr Stoffwechsel mehr davon. Nehmen Sie sich ruhig ein wenig mehr Zeit als sonst – beispielsweise beim Abendessen, denn damit fängt die Feierabendentspannung schon an. Ein basisches Bad vor dem Schlafengehen? Ein schöner Spaziergang bei Sonnenuntergang? Und wenn es regnet? Dann entspannen Sie sich doch mal ausgiebig auf Ihrer Couch.

▲ Gutes Quellwasser, beispielsweise von Lauretana, unterstützt das Basenfasten.

4. Trinken
- Haben Sie Ihre Getränke für den Arbeitsplatz eingepackt?
- Haben Sie den Zeitplan aufgestellt, der Sie an Ihre Trinkmengen erinnert – siehe Seite 36?

1 Woche Basenfasten

▲ Vorschlag zur Bewegung: Am Abend eine kleine Fahrradtour im Park.

5. Darmreinigung

Heute Abend ist Darmreinigung angesagt. Haben Sie alles vorbereitet? Einlauf, Glaubersalz, Colon-Hydro-Therapie? Falls Sie zu wenig motiviert sind, Ihren Darm zu reinigen, lesen Sie einfach nochmal die Basics auf Seite 14.

6. Bewegung

- Welches Bewegungsprogramm gibt es heute und wann? Vor oder nach der Arbeit?
- Wenn Sie gar keine Zeit haben, dann machen Sie einfach einen 30-minütigen Spaziergang durch den Stadtpark.
- Falls das Wetter zu schlecht ist und Sie partout nicht raus wollen, machen Sie wenigstens 30 Minuten Gymnastik in Ihrer Wohnung.

7. Erholung

Wann gehen Sie heute ins Bett? Schlafen ist für die meisten Gestressten die billigste und effektivste Erholung. Wenn Sie eine Nachteule sind, dann fangen Sie in kleinen Schritten an: Gehen Sie jeden Tag 30 Minuten früher zu Bett, bis Sie bei 22 Uhr oder wenigstens 22.30 Uhr angelangt sind.

Zweiter Tag (Samstag) ▶

Zweiter Tag (Samstag)

Der Samstag bietet Ihnen Gelegenheit für einen genussvollen
Einkauf auf dem Wochenmarkt.

Beginnen Sie auch den zweiten Tag wieder mit dem Basics-Check auf der nächsten Seite. Danach ist Einkaufen angesagt. Tun Sie das mit Genuss. Gehen Sie auf den Wochenmarkt, schauen Sie sich die große Auswahl an Obst und Gemüse an – lassen Sie es auf sich wirken. Wenn Sie spontan ein Gemüse entdecken, auf das Sie heute mehr Lust haben, als auf das von mir vorgeschlagene, dann kaufen

Sie es. Beispiel: Die Kohlrabi sehen heute zu lecker aus – dann garen Sie doch einfach zwei kleine Kohlrabi und eine große Kartoffel im Gemüsedämpfer.

▌ Checken Sie auch die Speisepläne für Sonntag (wie wär's mit einer Flugananas?) und Montag und kaufen Sie die Zutaten heute ein.

Speiseplan für den zweiten Tag

▌ Frühstück: frisch gepresster Saft aus Äpfeln und Karotten mit Mandeln – siehe Seite 97. Wenn Sie keinen Entsafter haben, können Sie auch einen frisch zubereiteten Obstsalat essen.

▌ Zwischenmahlzeit: eine Kiwi.

▌ Mittagessen: eine Portion Feldsalat mit frischen Walnüssen oder gehobelten Mandeln (Seite 102) und Rote-Bete-Lauchgemüse (Seite 110). Alternativen: ein Gemüsegericht im Gemüsedämpfer mit drei Gemüsesorten Ihrer Wahl – siehe Seite 109; oder nur Feldsalat, da darf die Portion dann auch etwas größer sein.

▌ Dessert*: 3–4 Mandeln oder getrocknete Mangos.

▌ Zwischenmahlzeit*: Trinken Sie erst mal einen Becher Tee oder Wasser, wenn der Hunger kommt. Nur wenn das nicht reicht, essen Sie 2–3 Mandeln oder Oliven.

▌ Abendessen: Bunte Gemüsesuppe (Seite 113). Dazu können Sie auch vorgeschnittenes Gemüse vom Wochenmarkt nehmen.
Alternative: Wenn Sie keine Lust auf Gemüsesuppe haben, kochen Sie sich noch einmal 3 Pellkartoffeln, dieses Mal mir Rukolapesto (Rapunzel); oder probieren Sie Avocadocreme dazu – siehe Seite 111.

* erlaubt, wenn Ihnen danach ist

DAS GIBT ES HEUTE

79

1 Woche Basenfasten

Basics-Check

1. Motivation
Wie geht es Ihnen heute? Sind Sie heute etwas müde? Dann beginnen Sie den Tag mit der Yogaübung »Sonnengruß« – siehe rechts.

2. Ernährung: 100 % basisch
▪ Haben Sie sich den Speiseplan angeschaut? Sind die Gerichte nach Ihrem Geschmack? Oder ist Rote Bete ein rotes Tuch für Sie? Sie dürfen sich auch ein anderes basisches Rezept aussuchen.
▪ Legen Sie sich auch heute ein basisches Notessen gegen die Heißhungerattacken zurecht. Gerade die freien Tage sind oft gefährlich – man hat so viel zu tun und noch zu erledigen, dass man beinahe das Essen vergisst.

3. Genuss
Was haben Sie sich heute als Genuss ausgesucht? Ein wenig mehr Zeit als sonst beim Abendessen? Ein basisches Bad vor dem Schlafengehen? Sagen Sie nicht, dass Sie keine Zeit haben – es ist schließlich Wochenende.

4. Trinken
Denken Sie bitte auch heute daran, genug zu trinken. Das kann sich am Wochenende als schwieriger herausstellen, weil man nicht immer am selben Platz sitzt und so die mahnende Wasserflasche nicht sieht. Stellen Sie sich auch daheim Ihren Zeitplan auf, der Sie an Ihre Trinkmengen erinnert.

5. Darmreinigung
Wenn es gestern gut geklappt hat, dann müssen Sie heute nichts tun. Wenn Sie gestern geglaubert haben und sich bis heute nichts entleert hat, dann sollten Sie die Glaubersalzgabe wiederholen.

6. Bewegung
Heute ist Zeit für ein größeres Bewegungsprogramm. Bei schönem Wetter bietet sich eine Wanderung von einigen Stunden an, bei ungemütlicherem ab ins Fitnessstudio und anschließend in die Sauna.

7. Erholung
Am Wochenende bietet sich an, die Entspannung bereits ins Bewegungsprogramm einzubauen. Gehen Sie schwimmen und anschließend in die Sauna, oder ins Fitnessstudio und anschließend in die Sauna. Versuchen Sie auch heute, früh ins Bett zu gehen – 30 Minuten früher als gestern …? Morgen ist übrigens Ausschlafen angesagt.

Zweiter Tag (Samstag)

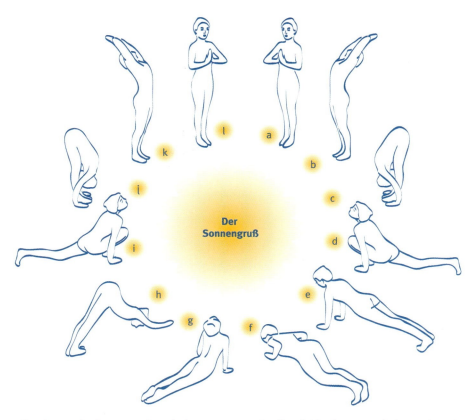

a Hände vor der Brust aneinanderlegen und tief ausatmen.
b Einatmen, dabei Arme in einem Bogen nach oben hinten bewegen, so dass eine leichte Rückbeuge entsteht.
c Ausatmen, den Oberkörper nach vorn beugen, Hände neben die Füße auf den Boden oder die Knie legen.
d Einatmen, ein Bein nach hinten strecken.
e Nun auch das andere Bein nach hinten strecken, Rücken und Becken bilden eine gerade Linie.
f Ausatmen, Knie, Brust und Stirn auf den Boden sinken lassen.

g Kopf und Oberkörper anheben, ohne das Becken zu heben, dabei einatmen.
h Becken und Rücken langsam anheben, bis die Ohren in Höhe der Oberarme sind, dabei ausatmen.
i Ein Knie nach vorn bewegen und dabei einatmend den Kopf heben.
j Beide Füße nebeneinander stellen und das Becken langsam hoch bis zur Rumpfbeuge drücken, ausatmen.
k Einatmen, Arme in einem Bogen nach oben hinten bewegen, so dass eine leichte Rückbeuge entsteht.
l Die Hände vor der Brust aneinanderlegen und tief ausatmen.

1 Woche Basenfasten

Dritter Tag (Sonntag)

Genießen Sie ausgiebig die Musestunden des Wochenendes, denn auch Entspannung wirkt entsäuernd.

Heute können Sie richtig ausschlafen. Wenn Sie morgens sowieso nie Hunger haben, lassen Sie doch heute das Frühstück ausfallen und starten Sie den Tag mit der Zwischenmahlzeit.

Denken Sie heute Abend daran, alle Mahlzeiten und Getränke für morgen vorzubereiten – und gehen Sie früh zu Bett.

Basics-Check

1. Motivation

Na – wie geht es Ihnen heute? Schon der dritte Tag! Mag sein, dass Sie heute noch nicht auf der Höhe Ihrer Leistungsfähigkeit sind – die Wirkung des Kaffees auf Ihren Kreislauf steckt viel-

leicht noch in Ihnen. Wenn Sie kein Kaffeetrinker sind, dann fühlen Sie sich jetzt schon richtig wohl und fit. Bleiben Sie ruhig ein wenig länger im Bett und beginnen Sie auch diesen Morgen mit dem Yoga-Sonnengruß (Seite 81).

DAS GIBT ES HEUTE

Speiseplan für den dritten Tag

- Frühstück: frisch gepresster Saft aus Kiwi, Birnen und Orangen (Seite 97). Alternative: eine halbe Flugananas oder ein Obstsalat mit Banane, Kiwi und Mango.
- Zwischenmahlzeit: eine Banane.
- Mittagessen: die erste Hälfte des Rote-Bete-Lauch-Salats (Seite 106) und Fenchel-Kartoffel-Gemüse mit Tomaten (Seite 110). Alternativen: Kohlrabi-Kartoffel-Gemüse (Seite 109).

- Dessert*: 3–4 Mandeln oder getrocknete Ananas.
- Zwischenmahlzeit*: Trinken Sie erst mal einen Becher Tee oder Wasser, wenn der Hunger kommt. Nur wenn das nicht reicht, essen Sie 2–3 Mandeln oder Oliven.
- Abendessen: Kartoffelcremesuppe (Seite 113). Alternative: Gemüsebrühe für Eilige mit Kartoffeln – Rezept siehe Seite 112.

* erlaubt, wenn Ihnen danach ist

Dritter Tag (Sonntag)

2. Ernährung: 100 % basisch
Da Sie gestern bereits alles eingekauft haben, gibt es in diesem Punkt mal nichts zu tun.

3. Genuss
Überlegen Sie, was Sie sich heute Gutes tun können. Heute können Sie sich etwas mehr Zeit zum Zubereiten und zum Essen Ihrer basischen Mahlzeiten lassen. Decken Sie den Tisch schön, stellen Sie Blumen und eine Kerze darauf, benutzen Sie ein schönes Geschirr – auch das Ambiente zählt.

4. Trinken
Auch heute gilt wie am Samstag: Denken Sie auch am Wochenende daran, 2,5–3 Liter Quellwasser oder verdünnten Kräutertee zu trinken.

5. Darmreinigung
Heute sollten Sie wieder Ihren Darm reinigen. Besonders wenn Sie sich heute nicht ganz so fit fühlen, vielleicht gar Kopfschmerzen oder Kopfdruck haben, ist es wichtig, dass Sie den Darm reinigen.

6. Bewegung
Auch heute sollten Sie sich genügend Zeit für Ihr Bewegungsprogramm einplanen. Vielleicht haben Sie sich ja mit

▲ Heute dürfen Sie ausschlafen – *die Gelegenheit, das Frühstück einzusparen!*

Freunden zum Wandern oder Radfahren verabredet?

7. Erholung
- Gehen Sie heute in ein Römisch-Irisches Dampfbad? Ein Tipp: Gehen Sie früh am Vormittag und nehmen Sie sich genügend basische Snacks mit. So haben Sie mehr Ruhe.
- Wenn es mit dem Römisch-Irischen Bad nicht geklappt hat, dann ist abends ein Aromabad mit Honig und Mandeln (aus der Apotheke) ein Genuss. Und danach geben Sie etwas Wildrosenöl auf die noch feuchte Haut, reiben es gut ein und ab geht's ins kuschelig warme Bett.

1 Woche Basenfasten

Vierter Tag (Montag)

Gut erholt und entsäuert beginnt die neue Arbeitswoche. Vergessen Sie nicht, viel zu trinken – auch wenn's hektisch wird.

Denken Sie daran, heute das Sonnenblumenkern-Dressing (Rezept Seite 100) für die nächsten zwei Tage vorzubereiten? Waschen und putzen Sie den Salat für morgen und füllen Sie ihn in eine Tupperschüssel.

Basics-Check

1. Motivation

Heute fühlen Sie sich, wenn Sie sich am Wochenende an meine Empfehlungen gehalten haben, bestimmt gut ausgeschlafen und fit, dann dürfte die Motivation kein Problem sein. Haben Sie schon einen Blick auf die Waage geworfen? Mindestens ein Kilo, wenn

---

DAS GIBT ES HEUTE

Speiseplan für den vierten Tag

- Frühstück: Bananen-Kiwi-Frühstück mit Sonnenblumenkernen. Alternativen: ein frisch gepresster Apfel-Birnen-Saft (Seite 97); oder eine zerdrückte Banane mit Zitronensaft und einem Teelöffel Mandelmus; für Hungrige: basisches Müsli (Seite 98).
- Zwischenmahlzeit: ein Apfel oder eine Paprika, wenn Sie keine Lust auf Süßes haben.
- Mittagessen: Kartoffelsalat mit Gurken und Dill (Seite 106) und die zweite Hälfte des Rote-Bete-Lauch-Salats (Seite 106). Alternativen: Wenn Sie gerne was Warmes möchten, dann lösen Sie einen Gemüsebrühwürfel in kochendem Wasser auf; oder gehen Sie in die Kantine oder zum nächsten Salatbüffet in Ihrer Nähe.
- Dessert*: 3–4 Mandeln oder getrocknete Feigen.
- Zwischenmahlzeit*: Trinken Sie erst mal einen Becher Tee oder Wasser, wenn der Hunger kommt. Nur wenn das nicht reicht, essen Sie 2–3 Mandeln oder Oliven.
- Abendessen: Gemüsebrühe für Eilige mit Kohlrabi und Petersilie (Seite 112). Alternativen: Pellkartoffeln; oder Gemüsebrühe ohne Gemüseeinlagen; oder Dinnercancelling.

* erlaubt, wenn Ihnen danach ist

Vierter Tag (Montag)

Verabredungen zum gemeinsamen Sport schaffen eine Verbindlichkeit, die man eher einhält.

nicht sogar 1,5 Kilo dürften es heute schon weniger sein.

2. Ernährung: 100 % basisch
Vergessen Sie nicht, den Kartoffelsalat mit ins Geschäft zu nehmen. Denken Sie auch an Ihre basischen Snacks und an das Obst.

- Wenn es Ihnen nicht allzu schwer fällt, lassen Sie doch einfach das Abendessen ausfallen! Dieses so genannte Dinnercancelling lässt sich natürlich auch außerhalb des Basenfastens durchführen …

3. Genuss
Genießen Sie heute Ihr vitaminreiches und erfrischendes Frühstück. Vielleicht haben Sie ja für heute Abend einen Massagetermin ausgemacht? Auch das ist Genuss.

4. Trinken
- Haben Sie Ihre Gertränke für heute schon eingepackt? Den Tee und das Wasser?
- Haben Sie Ihren Zeitplan aufgestellt, damit Sie Ihre Trinkmengen einhalten?

5. Darmreinigung
Wenn Sie gestern nach Plan Ihren Darm gereinigt haben, ist das heute für Sie kein Thema – es sei denn, Sie haben nach der Arbeit einen Termin für eine Colon-Hydro-Therapie.

6. Bewegung
Wann haben Sie für heute Ihre 30–45 Minuten eingeplant? Noch ein wenig Fitness am Abend oder machen Sie vor der Arbeit eine Jogging-Runde?

7. Erholung
Sind Sie so richtig müde und kaputt nach der Arbeit? Das ist normal – Sie haben schließlich was geleistet. Überfordern Sie sich nicht und gönnen Sie sich vor dem Bewegungsprogramm eine kleine Ruhepause. Am Abend dürfen Sie müde sein – gehen Sie einfach früh zu Bett, dann sind Sie morgen wieder fit.

1 Woche Basenfasten

Fünfter Tag (Dienstag)

Die Entsäuerung kommt nun voll in Gang – falls Sie sich heute etwas müde fühlen, gönnen Sie sich einen Entspannungsabend.

Nicht mehr genügend Obst und Salat im Haus? Dann sollten Sie heute Abend noch einkaufen. Bereiten Sie abends noch Ihren Salat für morgen vor.

■ Wenn Ihr Darm noch immer träge reagiert, empfiehlt sich eine außerplanmäßige Darmreinigung.

Basics-Check

1. Motivation

Geht die Luft langsam raus – träumen Sie von einem duftenden Kaffee? Oder sind Sie noch voll motiviert, weil Sie schon 2,5 kg abgenommen haben?

Wenn Sie noch gar nicht abgenommen haben, machen Sie den Check zur Fehlersuche auf Seite 120. Vielleicht haben Sie im Eifer des Gefechts doch etwas Wichtiges übersehen.

DAS GIBT ES HEUTE

Speiseplan für den fünften Tag

■ Frühstück: eine reife Mango.
Alternative: basisches Müsli (Seite 98).
■ Zwischenmahlzeit: eine Banane oder eine Karotte.
■ Mittagessen: Bataviasalat mit frischen Sprossen (Seite 101), Rote Bete aus dem Glas.
Alternativen: Wenn Sie Rote Bete nicht mögen, können Sie auch Sellerie aus dem Glas nehmen; oder Sie essen eine größere Portion Bataviasalat; oder Sie gehen in die Kantine oder in ein Restaurant – aber 100 % basisch, versteht sich!

■ Dessert*: 3–4 Mandeln oder getrocknete Feigen.
■ Zwischenmahlzeit*: Trinken Sie erst mal einen Becher Tee oder Wasser, wenn der Hunger kommt. Nur wenn das nicht reicht, essen Sie 2–3 Mandeln oder Oliven.
■ Abendessen: Gemüsebrühe für Eilige mit Kartoffeln (Seite 112).
Alternativen: eine frisch zubereitete Gemüsesuppe (Seite 113); oder Backofenkartoffeln (Seite 111).

* erlaubt, wenn Ihnen danach ist

Fünfter Tag (Dienstag)

2. Ernährung: 100% basisch
Haben Sie alles im Griff? Alle Snacks und Getränke eingepackt? Inzwischen dürfte das für Sie zur Routine geworden sein. Oder haben Sie heute früh festgestellt, dass Sie für heute Mittag keine Rote Bete im Glas mehr zu Hause haben? Vielleicht können Sie in einer Pause kurz ins Reformhaus gehen – oder soll es heute die Kantine sein?

3. Genuss
Denken Sie daran: Genuss ist auch mit gesunder Kost möglich. Schlingen Sie nicht hinunter, kauen Sie gut – so erst kommt Genuss zustande.

4. Trinken
Sind alle Getränke gerichtet? Wird Ihnen der Tee langweilig? Dann schauen Sie doch mal im Reformhaus oder im Naturkostladen, ob Sie vielleicht eine andere Teesorte finden, die Ihnen besser schmeckt.

5. Darmreinigung
Heute müssen Sie den Darm nicht unbedingt reinigen, es sei denn, Sie neigen während des Basenfastens eher zur Verstopfung. Das kommt manchmal vor, obwohl die Obst- und Gemüsekost die Darmtätigkeit eher anregt. Wenn Ihr Darm träge reagiert, dann können Sie heute schon einen Einlauf machen.

▲ Gönnen Sie sich einen Ruhetag, wenn Ihnen heute nicht nach Bewegung ist.

6. Bewegung
Heute keine Lust auf Bewegung? Gestehen Sie sich ruhig mal einen Faulenzertag zu. Oder packt Sie der Ehrgeiz und Sie raffen sich doch noch auf? Dann nichts wie raus. Wichtig ist, dass Sie in sich hineinspüren, was genau Ihnen jetzt besser bekommt.

7. Erholung
Ist das Wetter heute schön? Wie wär's mit einem kleinen Spaziergang bei Sonnenuntergang? Oder darf es heute ein Chill-out nach Feierabend sein? Dann lassen Sie sich doch mal so richtig durchhängen zu Hause – das entspannt.

1 Woche Basenfasten

Sechster Tag (Mittwoch)

Nun haben Sie schon bald die erste Woche hinter sich und dabei kräftig entsäuert – die beiden letzten Tage schaffen Sie auch noch!

Bereiten Sie heute Abend den Karotten-Pastinaken-Salat (Seite 103) zu oder machen Sie die Brokkoli-charge (siehe Seite 105). Wenn Sie morgen Mittag in die Kantine gehen, dann haben Sie jetzt frei.

Basics-Check

1. Motivation

Hurra – der vorletzte Tag ist angebrochen. Und Ihnen geht die Puste aus? Nein, nicht doch, es sind doch nur noch zwei Tage – das schaffen Sie locker! Ein Blick auf die Waage müsste Sie auf alle Fälle motivieren, denn da hat sich sicher deutlich was nach unten bewegt.

DAS GIBT ES HEUTE

Speiseplan für den sechsten Tag

- Frühstück: basisches Müsli (Seite 98). Alternativen: eine Birne, klein geschnitten mit frischen Heidelbeeren (im Herbst); oder eine Banane, klein geschnitten, mit Mandarinen (im Winter oder Frühling); oder 10–12 frische Himbeeren, 6 Erdbeeren, eine klein geschnittene Banane und ein Esslöffel gehobelte Mandeln (im Sommer).
- Zwischenmahlzeit: eine Orange oder eine Birne.
- Mittagessen: Bataviasalat mit Avocado und Tomaten (Seite 101), Selleriesalat aus dem Glas. Alternativen: Lösen Sie sich einen Gemüsebrühwürfel auf, dazu eine Handvoll Oliven und einige Mandeln – die haben Biss und machen Sie schneller satt. Oder schauen Sie doch mal, was es heute in der Kantine gibt.
- Dessert*: 3–4 Mandeln oder getrocknete Feigen.
- Zwischenmahlzeit*: Trinken Sie erst mal einen Becher Tee oder Wasser, wenn der Hunger kommt. Nur wenn das nicht reicht, essen Sie 2–3 Mandeln oder Oliven.
- Abendessen: Gemüsebrühe für Eilige mit Karotten (Seite 112), frische Kräuter dazugeben. Alternativen: Pellkartoffeln mit Verde pesto (Seite 111); oder Gemüsebrühe ohne Einlagen.

* erlaubt, wenn Ihnen danach ist

Sechster Tag (Mittwoch)

▪ Ein Tipp: Machen Sie einen Schaufensterbummel und suchen Sie sich ein eng anliegendes Oberteil oder eine Hose aus – zur Belohnung für das neue Supergewicht!

2. Ernährung: 100% basisch
Haben Sie an alles gedacht? An die Snacks fürs Büro, an das Mittagessen und an das Heißhungeressen für heute Abend?

3. Genuss
Freuen Sie sich auf jede Mahlzeit: Sie dürfen 5-mal lecker essen – und entsäuern und entschlacken dabei: ist doch super!

4. Trinken
Wie kommen Sie mir Ihren Trinkmengen zurecht? Denken Sie daran, Ihre Rationen leerzutrinken oder steht abends noch die Teekanne vom Vormittag halb voll vor Ihnen? Dann wird es höchste Zeit, sich eine andere Taktik zuzulegen. Hängen Sie sich einen großen Zettel an Ihren PC, stellen Sie sich einen Wecker, der jede Stunde piepst – 3 Liter sollten schon sein!

5. Darmreinigung
Heute ist ein letztes Mal Darmreinigung angesagt.

6. Bewegung
Schon einen Spaziergang am Morgen gemacht – oder nach der Arbeit das Joggen eingeplant?

7. Erholung
Ein Basenbad nach der Darmreinigung ist eine gute Erholungs- und Entsäuerungsmaßnahme. Oder sind Sie so müde, dass Sie sofort ins Bett wollen? Nur zu – das entsäuert auch.

Ein Basenbad am Abend ▶ entspannt und entsäuert.

1 Woche Basenfasten

Letzter Tag (Donnerstag)

Vielleicht ist Ihnen gar nicht nach Aufhören, weil Ihnen das neue
Körpergefühl gefällt? Dann hängen Sie einfach ein paar Tage dran!

Heute brauchen Sie nichts mehr für morgen vorbereiten – höchstens dann, wenn Sie nochmals eine Woche dranhängen möchten. Dann nehmen Sie einfach wieder einen Salat mit ins Büro sowie einen Teil des Dressings von Seite 100 in einem Extra-Döschen.

Basics-Check

1. Motivation

Nun ist er also da – der letzte Tag. Sind Sie erleichtert, dass Sie ab morgen wieder was »Normales« essen dürfen? Oder geht es Ihnen wie vielen meiner Kursteilnehmer so gut, dass Sie gerade so weitermachen könnten? Dann tun Sie es doch einfach.

DAS GIBT ES HEUTE

Speiseplan für den letzten Tag

- Frühstück: bunter Obstsalat.
  Alternativen: eine Banane und eine Kiwi, zerdrückt mit einem Teelöffel, und gehobelte Mandeln.
- Zwischenmahlzeit: einige getrocknete Apfelringe.
- Mittagessen: Karotten-Pastinaken-Salat mit Sonnenblumenkernen (Seite 103).
  Alternativen: Brokkolisalat mit gehobelten Mandeln (Seite 107). Und natürlich die Kantine oder ein Restaurant.
- Dessert*: 3–4 Mandeln oder getrocknete Aprikosen.

- Zwischenmahlzeit*: Trinken Sie erst mal einen Becher Tee oder Wasser, wenn der Hunger kommt. Nur wenn das nicht reicht, essen Sie 2–3 Mandeln oder Oliven.
- Abendessen: Gemüsebrühe für Eilige mit Brokkoli (Seite 112).
  Alternativen: Wenn Sie die Brokkolicharge (siehe Seite 105) gemacht haben, dann können Sie nun den Rest Brokkoli vom Vorabend pürieren und erwärmen und eine Brokkolicremesuppe zubereiten – Seite 112.

* erlaubt, wenn Ihnen danach ist

Letzter Tag (Donnerstag)

- Sie können diese Woche problemlos verlängern – siehe Verlängerungswoche, Seite 124.

2. Ernährung: 100 % basisch
Noch ein Tag 100 % basisch – haben Sie alles im Griff? Die Pausen und das Mittagessen – den Salat schon vorbereitet?

3. Genuss
Genießen Sie diesen letzten Tag mit 100 % gesunder Kost – was fehlt Ihnen denn? Oder sind Sie ganz zufrieden?

4. Trinken
Nicht nachlassen heute – auch heute braucht Ihr Körper viel Flüssigkeit, denn nun ist er so richtig am Entsäuern. Meist dauert es einige Tage, bis die Entsäuerung richtig angekurbelt wird. Deshalb: Trinken, trinken ….

5. Darmreinigung
Dieses Thema sind Sie nun erst einmal los – es sei denn, Sie entschließen sich zu einer basischen Verlängerungswoche. Dann sollten Sie übermorgen noch einmal den Darm reinigen.

6. Bewegung
Wie wäre es heute Abend zum Abschluss noch mal mit schwimmen gehen und anschließendem Saunieren?

7. Erholung
- Haben Sie sich zur Belohnung für den letzten Tag einen Termin im Hamam geben lassen? Oder vielleicht eine entspannende Massage?
- Ein entspannendes Lavendelbad ist auch eine gute Alternative und hat den Vorteil, dass Sie das Haus nicht mehr verlassen müssen, wenn Sie müde und erschöpft von der Arbeit nach Hause kommen.
- Haben Sie es geschafft, gestern um 22 Uhr ins Bett zu gehen und haben Sie das auch heute vor? Wenn es nicht geklappt hat – seien Sie gnädig zu sich, nehmen Sie sich das für die nächste Basenfastenwoche vor.

◀ Belohnung für eine Woche Basenfasten: zur Entspannung in die Sauna.

1 Woche Basenfasten

GUT ZU WISSEN

Hilfe bei Heilreaktionen

Obwohl Basenfasten eine sehr milde Fastenform ist, kommt es immer wieder vor, dass die eine oder andere Heilreaktion auftritt. Das ist insbesondere dann der Fall, wenn Sie eine chronische Erkrankung haben, an der Sie schon viele Jahre leiden. Ein Beispiel dafür ist Migräne. In solchen Fällen setzt die Entsäuerung oft so massiv ein, dass es zu vorübergehenden Überforderungen des Stoffwechsels kommt – als Reaktion darauf kann es beispielsweise zu einem Migräneanfall kommen. Das können Sie bei Heilreaktionen tun:

- Unterstützen Sie die Entsäuerung, indem Sie noch mehr trinken als empfohlen.
- Reinigen Sie den Darm, sobald ein Migräneanfall beginnt.
- Machen Sie Dauerbrausen oder ein Basenbad.
- Unterstützen Sie die Heilreaktionen mit Mineralstoffen nach Dr. Schüßler.

Schüßler-Salze unterstützen die Entsäuerung

Der Oldenburger Arzt Dr. med. Wilhelm Schüßler entwickelte vor rund 120 Jahren ein Therapieverfahren mit Mineralstoffen, das nicht nur zu einer bloßen Auffüllung der Mineralien dient, sondern die optimale Verteilung dieser Mineralien im Organismus gewährleistet. Durch ein homöopathisches Herstellungsverfahren gelang es ihm, die Mineralien so aufzuschließen, dass sie gut aufgenommen und verwertet werden können. Mit dieser Therapie erreichte er eine solche Stabilisierung des Mineralstoff-

wechsels, dass selbst chronische Krankheiten sich dadurch besserten. Während des Basenfastens können Sie nun die Entsäuerung gezielt unterstützen, indem Sie, je nach Stoffwechselproblematik, das passende Schüßler-Salz einnehmen. Nehmen Sie Schüßler-Salze immer vor den Mahlzeiten ein und lassen Sie die Tabletten im Mund zergehen.

Salz Nr. 6 – Kalium sulfuricum (Kaliumsulfat): Dieses Salz unterstützt den Leberstoffwechsel und hilft bei allen Entzündungen, die nicht heilen wollen, beispielsweise chronische Entzündungen der Nasennebenhöhlen. Es unterstützt auch den Eiweißstoffwechsel des Körpers und hilft, den Eiweißüberschuss abzubauen, also zu entgiften. Auch wenn Sie zu Verstopfung neigen, ist das Salz Nr. 6 hilfreich. Wenn Sie während des Basenfastens verstärkt Probleme mit alten Nebenhöhlenproblemen bekommen und wenn die Verdauung schlechter geworden ist, dann lassen Sie von diesem Salz 3-mal täglich 2 Tabletten im Mund zergehen. Ein sicheres Zeichen, dass Sie dieses Salz brauchen, ist, wenn der Zungenbelag sich während des Basenfastens gelb bis gelbbraun färbt.

Salz Nr. 9: Natrium phosphoricum (Natriumphosphat): Dieses Salz ist das Entsäuerungsmittel nach Dr. Schüßler. Es mindert alle säurebedingten Beschwerden, besonders rheumatische. Es unterstützt die Aufrechterhaltung des Säure-Basen-Gleichgewichts und regt den gesamten Stoff-

Hilfe bei Heilreaktionen

wechsel an. Es hilft auch bei Osteoporose, Sodbrennen, Akne und fettiger Haut. Dosierung: 3-mal täglich 2 Tabletten.

Salz Nr. 10: Natrium sulfuricum (Natriumsulfat): Dieses Salz dient der Ausscheidung von Säuren und Giftstoffen. Besonders die Leber wird durch dieses Salz gut entgiftet. Natriumsulfat ist auch als »Glaubersalz« bekannt, ein Abführmittel, das vor allem bei Fastenkuren gerne zur Darmreinigung verwendet wird. Als Schüßler-Salz regt es außerdem den Stoffwechsel an und wird bei allen Formen von Verdauungsstörungen eingesetzt: Blähungen, Durchfälle, Verstopfung, Fettverdauungsstörungen. Auch wenn während des Basenfastens Wasseransammlungen im Gesicht oder in den Gelenken auftreten, ist Natriumsulfat hilfreich. Wer dieses Salz braucht, hat oft einen schmutzig bis bräunlich-grünlichen Zungenbelag mit bitterem Geschmack. Dosierung: 3-mal täglich 2 Tabletten.

Salz Nr. 11: Silicea (Kieselsäure): Silicea ist hilfreich bei Haarausfall, bei brüchigen und spröden Nägeln, denn es steigert die Festigkeit des Bindegewebes und ist wichtig für den Aufbau von Haut, Haaren und Nägeln. Es dient auch der Entgiftung des Bindegewebes, denn es ist ein gutes Drainagemittel und wirkt so dem frühzeitigen Altern entgegen. Nehmen Sie täglich je 3-mal 2 Tabletten vor den Mahlzeiten ein. Wenn Sie während des Basenfastens besonders viel schwitzen, hilft Silicea ebenfalls.

Haben Sie das Gefühl, dass Sie alle die genannten Salze gut zur Unterstützung des Basenfastens brauchen können? Dann machen Sie doch eine biochemische Entsäuerungskur. Nehmen Sie dazu die vier Salze wie folgt ein: Über den Tag verteilt von jedem der vier Salze je 2 Tabletten vor den Mahlzeiten.
  Meist vermindern sich dadurch die Heilreaktionen schnell und Sie fühlen sich wieder richtig wohl mit Basenfasten.

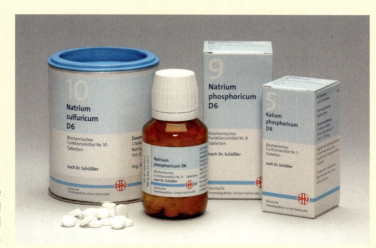

◀ Schüßler-Salze unterstützen die Entsäuerung und helfen bei Heilreaktionen.

GUT ZU WISSEN

Rezepte für Eilige

In diesem Kapitel finden Sie viele schnelle Rezeptvorschläge für eine 100% basische Woche. Alle Rezepte sind für eine Person berechnet. Wenn Sie für Ihren Partner und oder die Familie mitplanen wollen, vervielfachen Sie einfach die angegebenen Mengen entsprechend.

Rezepte für Eilige

Fixe Frühstücksideen

Morgens gibt's für ganz Eilige frisch gepresste Säfte, Hungrige gönnen sich ein basisches Müsli.

Beim Basenfasten *müssen* Sie nicht frühstücken, wenn Sie morgens nichts runterbringen – es genügt, wenn Sie einen Becher heißes Wasser oder einen Ingwertee trinken, um die Entgiftung und die Verdauungstätigkeit anzuregen, und dann im Büro etwas Obst oder einen Obstsalat essen. Ein frisch gepresster Saft ist für Eilige ideal, denn er bringt Vitalstoffpower für den Start in den Tag.

Verzehren Sie Saft stets so, als würden Sie ihn essen. Dadurch werden die Mineralien und Vitamine besser von der Mundschleimhaut aufgenommen und der Saft ist bekömmlicher.

▌ Speicheln Sie beim Trinken jeden Schluck gut ein und lassen Sie sich Zeit für den Genuss.

Für Morgenmuffel

Ingwertee

Zutaten für 1 Person

1 Stück frische Ingwerwurzel
1 Tasse Wasser

▌ Zubereitungszeit: 1 Minute

▌ Von einem Stück frischer Ingwerwurzel (Gemüseabteilungen, Wochenmärkte) ein 3–4 cm langes Stückchen abschneiden, schälen und in dünne Scheiben schneiden.

▌ Die Scheiben in einen Teebecher geben und siedendes Wasser darübergießen. Nach 3–5 Minuten können Sie den Ingwertee trinken.

Tipp

Ingwertee ist das ideale Morgengetränk für alle, die morgens nichts runterkriegen. Essen Sie einfach als 2. Frühstück am Arbeitsplatz einen Apfel, eine Banane oder eine Karotte.

Fixe Frühstücksideen ▸

Apfel-Karotten-Saft mit Mandeln

- Zubereitungszeit: 4 Minuten

- Die Zutaten grob zerkleinern, in den Entsafter geben und auspressen. Wenn Sie Zutaten aus biologischem Anbau verwenden, müssen Sie nichts schälen.

Zutaten für 1 Glas

2	Karotten
2–3	Äpfel
5	Mandeln

Tipp
Statt der Mandeln können Sie auch die gleiche Menge Walnüsse verwenden.

Kiwi-Birnen-Orangen-Saft

- Zubereitungszeit: 4 Minuten

- Die Kiwis schälen, halbieren, die Äpfel entkernen, in kleine Schnitze schneiden; alles in den Entsafter geben. Die Orange separat auspressen und mit dem Apfel-Kiwi-Saft vermischen.

Zutaten für 1 Glas

2	Kiwi
2	Birnen
1	Orange

Apfel-Birnen-Saft

- Zubereitungszeit: 4 Minuten

- Die Äpfel und die Birnen waschen, in kleine Schnitze schneiden und zusammen mit den Minzeblättern in den Entsafter geben.

Zutaten für 1 Glas

2	Birnen
2	Äpfel
3	Pfefferminzblättchen (falls zur Hand – sie geben dem Saft eine besonders frische Note)

Tipp
Wenn Sie bei Säften Obst aus Bioanbau verwenden, müssen Sie es nicht schälen!

Rezepte für Eilige

Jede Menge Ballaststoffe

Basisches Müsli

Zutaten für 1 Person

- 1 Banane
- 1 Apfel oder anderes Obst der Saison
- 2 TL Chufas Nüssli
- Saft einer $1/2$ Zitrone
- 1 EL Mandelblättchen

▌ Zubereitungszeit: 10–15 Minuten, je nach Zutaten

▌ Die Banane zerdrücken, den Apfel reiben, anderes Obst klein schneiden und dazugeben. Die Mandelblättchen zusammen mit Chufas Nüssli untermengen. Mit dem Zitronensaft übergießen.

Variationen

▌ Anstelle der Mandeln können Sie auch 1 TL Mandelmus verwenden.
▌ Anstelle der Chufas Nüssli passen auch einige Sonnenblumenkerne, Blütenpollen oder 2 TL geschrotete Leinsamen.
▌ Milde Sprossensorten wie etwa Linsenkeimlinge schmecken im Müsli ebenfalls hervorragend.
▌ Wenn Sie im Sommer basenfasten, gibt es eine Menge herrlicher Beerenfrüchte wie Himbeeren, Erdbeeren, Heidelbeeren, Brombeeren, die sich hervorragend für das basische Müsli eignen.

Tipp

Chufas Nüssli (Erdmandelflocken) sind Wurzelknöllchen, die vom Aussehen her an Mandeln erinnern. Sie sind sehr ballaststoffreich und enthalten viel Vitamin E und B-Vitamine. Reformhäuser und auch manche Naturkostläden haben sie vorrätig.

Schnelles für zwischendurch

Wenn einen »der kleine Hunger zwischendurch« überfällt, kann man ihm nachgeben – oder ihn überlisten.

Zwischenmahlzeiten *müssen* Sie nicht zu sich nehmen, sie sind aber für den kleinen Hunger durchaus angebracht und helfen, mit Gelüsten fertig zu werden. Bevor Sie jedoch zu einem basischen Snack greifen, halten Sie kurz inne: Trinken Sie erst etwas – beispielsweise einen Schluck Wasser oder etwas Kräutertee. Meist ist der Magen damit erst einmal beruhigt, und Sie können noch ein oder zwei Stunden warten, bis Sie etwas essen.

Vormittags:
- Obst der Saison
- rohes Gemüse, beispielsweise eine Karotte oder einen Kohlrabi
- frisch gepresster Saft aus Obst und/oder Gemüse
- basische Snacks wie Mandeln, ungeschwefeltes Trockenobst

Nachmittags:
- Mandeln
- ungeschwefeltes Trockenobst
- grüne oder schwarze Oliven

Rezepte für Eilige

Mittags im Büro

Basisches »Fastfood« am Arbeitsplatz: Einen Salat in der Tupperschüssel mitnehmen und mit einem vorbereiteten Dressing anmachen.

Ideal ist es, einmal am Tag eine Gemüserohkost zu essen – etwa Salat. Da Sie Rohkost nur bis 14 Uhr zu sich nehmen sollten, gehört der tägliche Salat also *mittags* auf den Tisch. Wenn Sie Zeit für die Zubereitung haben – beispielsweise am Wochenende – können Sie natürlich mittags auch etwas Gekochtes essen. Rezepte hierzu finden Sie ab Seite 108.

Für mehrere Portionen

Sesamdressing

Zutaten für 4 Portionen

- 8 EL Olivenöl
- Saft von 2 Zitronen
- 2 Prisen Kräutersalz gemischter Pfeffer
- 2 EL Sesamsaat oder Ölsaatenmischung
- 1 Lauchzwiebel
- einige Stängel frische Glattpetersilie

■ Zubereitungszeit: 5 Minuten

■ Die Lauchzwiebel sehr fein schneiden, die Glattpetersilie klein hacken. Alle Zutaten mischen und gut verrühren.

Für mehrere Portionen

Sonnenblumenkern-Dressing

Zutaten für 4 Portionen

- 8 EL Sonnenblumenöl
- Saft von 2 Zitronen
- 2 Prisen Kräutersalz gemischter Pfeffer
- 2 EL Sonnenblumenkerne
- 1 kleine Zwiebel
- 1 Schälchen frische Kresse

■ Zubereitungszeit: 5 Minuten

■ Die Zwiebel klein schneiden, alle Zutaten mischen und gut verrühren. Die Kresse erst dazugeben, wenn der Salat angerichtet wird.

Tipp
Dressings können ohne Weiteres 3 Tage im Kühlschrank aufbewahrt werden.

Mittags im Büro ▶

Bataviasalat mit frischen Sprossen

▮ Zubereitungszeit: 10 Minuten

▮ Bereiten Sie diesen Salat am besten gleich für 2 Tage vor: waschen, abtropfen lassen und die Hälfte der Salatblätter in einer Tupperschüssel im Kühlschrank bis zum nächsten Tag aufbewahren. Bereiten Sie auch das Dressing in der angegebenen größeren Menge zu.

Zutaten für 1 Portion

1	Bataviasalat (oder Eisbergsalat oder Romanasalat) für 2 Tage
1	Handvoll frische Sprossen Sonnenblumenkern-Dressing (siehe links)

Bataviasalat mit Avocado und Tomaten

▮ Zubereitungszeit: 10 Minuten

▮ Verwenden Sie für diesen Salat die Hälfte des Bataviakopfes, die Sie eingetuppert haben und das ebenfalls auf Vorrat hergestellte Sonnenblumenkern-Dressing.

Zutaten für 1 Portion

1	Bataviasalat (oder Eisbergsalat oder Romanasalat) für 2 Tage
1	Avocado
3	Cocktailtomaten Sonnenblumenkern-Dressing (siehe links)

Feldsalat mit frischen Champignons

▮ Zubereitungszeit: 10 Minuten

▮ Waschen Sie den Feldsalat gut und lassen Sie ihn abtropfen, während Sie das Dressing zubereiten. Schneiden Sie die Zwiebel in sehr feine Würfelchen und mischen Sie die Salatsoße erst unter den Feldsalat, wenn Sie den Salat essen wollen. Wenn Sie den Salat mit ins Büro nehmen wollen, fügen Sie die in dünnen Scheiben geschnittenen Champignons erst dort hinzu.

Zutaten für 1 Portion

120 g	Feldsalat (im Sommer Rukolasalat)
3	frische Champignons
1	kleine rote Zwiebel Sesamdressing (siehe links) etwas Gartenkresse oder Schnittlauch

Rezepte für Eilige

Feldsalat mit gehobelten Mandeln

Zutaten für 1 Portion

120 g	Feldsalat (im Sommer Rukolasalat)
1	kleine Zwiebel
1 EL	gehobelte Mandeln oder Walnüsse
	Sesamdressing (siehe Seite 100)
	etwas Petersilie

▌ Zubereitungszeit: 10 Minuten

▌ Waschen Sie den Feldsalat gut und lassen Sie ihn abtropfen, während Sie das Dressing zubereiten. Schneiden Sie die Zwiebel in sehr feine Würfelchen und mischen Sie die Salatsoße erst unter den Feldsalat, wenn Sie den Salat essen wollen. Fürs Büro nehmen Sie den gewaschenen Feldsalat in einer Tupperschüssel mit und geben Sie die gehobelten Mandeln dazu. Das Dressing bitte in einem separaten Gefäß mitnehmen.

Für 2 Tage vorzubereiten

Karotten-Navets-Salat

Zutaten für 1 Portion

1	große Karotte
1	große Navets-Rübe (oder 1 Pastinake)
1 EL	Sonnenblumenkerne
1	Petersiliensträußchen (auch tiefgefroren)
1	Lauchzwiebel
	Sesamdressing (siehe Seite 100)

▌ Zubereitungszeit: 10 Minuten

▌ Die Karotte und die Rübe waschen, schälen und auf dem Gemüsehobel raspeln. Die Lauchzwiebel fein schneiden, die Petersilie fein hacken. Das Dressing zubereiten, dazugeben und den Salat gut vermischen. Die Hälfte des Salats in eine Tupperschüssel geben und kühl stellen.

Tipp
Navets-Rübchen (Teltower Rübchen) sind kleine, weiße, runde Rübchen, auch Winterrübchen genannt. Sie sind leicht lila überhaucht und schmecken roh im Salat, aber auch gekocht in Suppen und als Gemüsegericht sehr lecker. Diesen Salat können Sie abends vorbereiten und die folgenden 2 Tage mit ins Büro nehmen.

Mittags im Büro ▶

Für 2 Tage vorzubereiten

Karotten-Pastinaken-Salat

▪ Zubereitungszeit: 12 Minuten

▪ Die Pastinake und die Karotte schälen, waschen
und fein raspeln. Die Frühlingszwiebel klein
hacken, das Dressing zubereiten und untermischen.

Tipp

Die Pastinake ist eine Kreuzung aus Petersilienwurzel und Möhre. Diese Gemüsesorte finden Sie
meist auf Wochenmärkten oder im Naturkostladen. Statt Pastinake können Sie auch Petersilienwurzel nehmen. Diese beiden Wurzelgemüse
sehen sich sehr ähnlich, wobei die Petersilienwurzel etwas würziger schmeckt.

Zutaten für 1 Portion

1	kleine Pastinake
1	kleine bis mittelgroße Karotte
1	Frühlingszwiebel Sonnenblumenkern-Dressing (siehe Seite 100), frische Sprossen (vom Markt oder selbst gezogene) etwas Schnittlauch

Für 2 Tage vorzubereiten

Salat von weißem Rettich

▪ Zubereitungszeit: 12 Minuten

▪ Den Rettich schälen und klein raspeln. Das
Dressing herstellen und eine klein gehackte
Zwiebel dazugeben. Die klein gehackte
Petersilie untermischen.

Tipp

Rettichsalat ist schnell gemacht und hält im
Kühlschrank mindestens 2–3 Tage. Dieses Rezept
ist vor allem für Winter und Frühjahr geeignet.

Zutaten für 1 Portion

1	mittelgroßer weißer Rettich
1	kleine Zwiebel Sesamdressing (siehe Seite 100) etwas Petersilie

103

Rezepte für Eilige

1 Arbeitsgang – 2 und mehr Gerichte

Wenn Sie Ihre Mahlzeiten selbst zubereiten möchten und nicht ständig in der Küche stehen können, gibt es einen Trick, wie Sie in einem Arbeitsgang gleich zwei oder sogar drei Gerichte vorbereiten können. Ich nenne das »Charge«. Das Prinzip: Aus einer Grundgemüsesorte werden 2–3 verschiedene Gerichte zubereitet, beispielsweise in einem Arbeitsgang einen Salat und ein Gemüsegericht aus Roter Bete. Noch mehr Gerichte in einem Arbeitsgang liefern die Kartoffel- ud die Brokkolicharge.

Die Rote-Bete-Charge: 2 Gerichte

Aus der einen Hälfte der Rote-Bete-Charge kann man das Rote-Bete-Lauch-Gemüse (Mittagessen – Rezept siehe Seite 110) herstellen, aus der anderen Hälfte den Rote-Bete-Lauch-Salat (Mittagessen für den nächsten Tag – Rezept siehe Seite 106):

- Zutaten (für 1 Person): 500 g vorgekochte Rote Bete, 1 Stange Lauch, 1 Zwiebel, 2 Esslöffel Olivenöl, weißer Pfeffer, etwas Schnittlauch, etwas Kräutersalz
- Die gekochte Rote Bete in dünne Scheiben schneiden. Lauch und Zwiebel klein schneiden und in dem Olivenöl wenige Minuten andünsten. Den Lauch unter die Rote Bete heben, würzen und mit dem Schnittlauch vermischen.

Die Kartoffelcharge: 3 Gerichte

Nach dem gleichen Prinzip können Sie in einem Arbeitsgang auch gleich drei Gerichte herstellen. So ergibt die folgende Kartoffelcharge ein Fenchel-Kartoffel-Gemüse mit Tomaten, eine Kartoffelcremesuppe sowie einen Kartoffelsalat. Wenn Sie diese Charge beispielsweise am Sonntag Mittag herstellen, dann können Sie das Fenchel-Kartoffel-Gemüse mit Tomaten am Sonntag als Mittagsgericht essen, die Kartoffelcremesuppe ist Ihr Abendessen und der Kartoffelsalat mit Dillgurken ist Ihr Mittagessen, das Sie am nächsten Tag mit ins Geschäft nehmen können.

- Zutaten (für 1 Person): 1 kg mittelgroße Kartoffeln, 1 Fenchelknolle mit Fenchelgrün
- Zubereitung: Erhitzen Sie $1/_2$ l Wasser im Gemüsedämpfer. Bis auf 4 Kartoffeln werden alle Kartoffeln nach dem Waschen geschält und geviertelt. Den Fenchel (für das Fenchel-Kartoffel-Gemüse mit Tomaten) putzen, waschen, halbieren, den Strunk herausschneiden und in vier Teile schneiden.

Die Kartoffeln werden wie folgt in den Gemüsedämpfer gegeben: Auf eine Seite des Siebes werden die geschälten, auf die andere Seite die ungeschälten Kartoffeln gelegt – lassen Sie im Sieb ein wenig Platz, damit die vier Fenchelteile mitgegart werden können.

Inzwischen kocht das Wasser und Sie können nun die Gemüse garen – wie das beim Gemüsedämpfer gemacht wird, können Sie auf Seite 108 nachlesen.

Nehmen Sie die geschälten Kartoffeln und die Fenchelteile nach 8–10 Minuten mit einem Schaumlöffel heraus und verarbeiten Sie zunächst einen Teil der Kartoffeln mit

1 Arbeitsgang – 2 und mehr Gerichte

Spart Zeit: ▶ Kochen in »Chargen«!

GUT ZU WISSEN

dem Fenchel zum Fenchel-Kartoffel-Gemüse mit Tomaten (Mittagessen – Rezept siehe Seite 110).

Stellen Sie die übrigen geschälten Kartoffeln auf die Seite für die Kartoffelcremesuppe auf Seite 113 (Abendessen).

Die ungeschälten Kartoffeln für den Kartoffelsalat mit Dillgurken (Rezept siehe Seite 106) brauchen 5 Minuten länger, bis sie gar sind. Sie werden im Sieb auf die Seite gestellt, damit sie abkühlen, bevor sie verarbeitet werden können.

Die Brokkolicharge: 3 Gerichte

Die Brokkolicharge funktioniert nach demselben Schema wie die Kartoffelcharge. Sie nehmen eine größere Menge Brokkoli (700–800 g) und bereiten daraus drei Mahlzeiten: ein Gemüsegericht (Mittagessen – Rezept siehe Seite 110), eine Brokkolicremesuppe (Abendessen – Rezept siehe Seite 112) und einen Brokkolisalat für das nächste Mittagessen (Rezept siehe Seite 107).

- Zutaten (für 1 Person): ca. 800 g Brokkoli, 5 mittelgroße Kartoffeln, 1 Karotte
- Zubereitung: Erhitzen Sie $1/2$ l Wasser im Gemüsedämpfer. Kartoffeln und Karotte waschen, schälen und in kleine Würfel schneiden und diese getrennt voneinander in das Sieb des Gemüsedämpfers geben. Den Brokkoli in kleine Röschen zerteilen, vorsichtig waschen und als letztes Gemüse in das Sieb des Gemüsedämpfers legen, da Brokkoli sehr schnell weich wird. Die Garzeit beträgt, wenn Sie die Kartoffeln und die Karotte in kleine Würfel geschnitten haben, 8–10 Minuten.

Rezepte für Eilige

Aus der Rote-Bete-Charge

Rote-Bete-Lauch-Salat

Zutaten für 1 Portion

Eine Hälfte der Rote-Bete-Charge
von Seite 104
Ein Viertel des Sesamdressings
(siehe Seite 100)

■ Zubereitungszeit: 10 Minuten

■ Die Rote-Bete-Charge herstellen wie auf
Seite 104 beschrieben. Mit dem Sesamdressing
vermischen.

Tipp
Diesen Salat können Sie auf die Mittagessen am
Sonntag und Montag verteilen.

Aus der Kartoffelcharge

Kartoffelsalat mit Dillgurken

Zutaten für 1 Portion

4	mittelgroße, vorwiegend fest kochende Kartoffeln aus der Kartoffelcharge von Seite 104
1	kleine Gemüsezwiebel
1/2 l	Gemüsebrühe etwas Muskat, weißer Pfeffer, Meersalz, Herbes de Provence
2 EL	Sonnenblumenöl oder Sesamöl Saft einer 1/2 Zitrone
3	Dillgurken von Eden (milchsauer vergoren)
1	Stängel frischer Dill oder getrockneter Dill

■ Zubereitungszeit: 15 Minuten

■ Die Kartoffeln wie auf Seite 104 beschrieben
garen. Nach dem Abkühlen schälen und auf
einer Gemüsereibe in dünne Scheiben reiben.
Die Zwiebel schälen und sehr fein hacken. Die
Gurken sehr klein schneiden und mit den
Zwiebeln zur Seite stellen.

■ Aus Öl, Zitronensaft und Gewürzen eine Salat-
soße herstellen. Eine gekochte, geschälte
Kartoffel mit der Gabel zerdrücken und mit der
Gemüsebrühe vermischen.

■ Die Kartoffel-Gemüsebrühe mit der Salatsoße
vermischen, die Zwiebeln dazugeben und das
Ganze unter die geriebenen Kartoffeln mischen.
Die Dillgurken in dünne Streifen schneiden und
unter den Salat mischen. Mit Dill verziert servieren.

Mittags im Büro ◀

Aus der Brokkolicharge

Brokkolisalat mit gehobelten Mandeln

▎ Zubereitungszeit: 10 Minuten

▎ Die Zwiebel sehr fein schneiden, die Brokkoli-
röschen und die gehobelten Mandeln mit dem
Dressing mischen. Mit den Sprossen verziert in
ein Tuppergefäß geben und am nächsten Tag
mit ins Büro nehmen.

Zutaten für 1 Portion

Ein Viertel des Brokkoli der
Brokkolicharge von Seite 105
$1/2$ Zwiebel
1 EL gehobelte Mandeln
1 EL Brokkoli- oder andere
Sprossen
Sonnenblumenkern-
Dressing (siehe Seite 100)

Für 2 Tage vorzubereiten

Vorfrühlingssalat mit Navets

▎ Zubereitungszeit: 15 Minuten

▎ Das Navets-Rübchen schälen und fein raspeln.
Petersiliendressing zubereiten, mit der Ölsaatenmischung über die Rübchen geben und gut
vermischen. Erst kurz vor dem Verzehr die
Brokkolisprossen darüberstreuen.

Zutaten für 1 Portion

$1/2$ mittelgroßes Navets-
Rübchen
(Teltower Rübchen)
1 EL Ölsaatenmischung
Zutaten für das
Sesam- oder Sonnen-
blumenkern-Dressing
(siehe Seite 100)
$1/4$ Schälchen
Brokkolisprossen

Tipp
Dieser Salat schmeckt besonders lecker, wenn Sie
ihn einige Stunden durchziehen lassen. Sie können davon auch eine doppelte Portion auf Vorrat
machen – dann haben Sie für die Tage nach der
Basenfastenwoche schon einen basischen Vorrat.

Rezepte für Eilige

Abends etwas Warmes

Die folgenden Gemüsegerichte und -suppen sind am Abend leichter verdaulich als Rohkost, schmecken aber auch zum Mittagessen.

Das Abendessen beim Basenfasten ist ein gekochtes Gericht. Aber essen Sie abends bitte keine zu große Portionen – eine Gemüse-suppe (siehe Seite 112 f.) oder eines der leckeren Gemüsegerichte reichen im Grunde völlig aus.

■ Besser mittags zum Salat noch ein kleines Gemüsegericht – das ist besser als abends zu große Portionen.

GUT ZU WISSEN

Schont Vitalstoffe: Gemüse zubereiten im Gemüsedämpfer

Die schonendste Garmethode für Gemüse ist das Dämpfen, beispielsweise in einem Gemüsedämpfer oder in einem faltbaren Sieb für den normalen Kochtopf (siehe auch Seite 46).
■ Zutaten (für 1 Portion): 1–3 Gemüse-sorten, die Sie gerne essen.
■ Zubereitung: Den Gemüsedämpfer mit ca. $^1/_2$ l Wasser füllen und erhitzen – nicht zu viel, denn wenn sich das Siebteil im Gemüsedämpfer befindet, darf das Gemüse nicht im Wasser lie-gen. Jedoch auch nicht zu wenig, da während des Garens immer genügend Wasser den Topfboden bedecken muss. Während das Wasser erhitzt wird das Gemüse schälen, waschen und in der gewünschten Form klein

schneiden. Das Gemüse in den Sieb-teil des Gemüsedämpfers geben und im Dampf garen, bis es bissfest ist – Achtung, das geht sehr schnell! Machen Sie eine Garprobe mit einem Messer.
■ So verfeinern Sie das Gemüse: Schneiden Sie $^1/_2$ Schalotte in sehr feine Würfel, erwärmen Sie 2 Esslöffel Olivenöl in einem Kochtopf und düns-ten Sie die Schalotte leicht an, bis Sie glasig wird. Schwenken Sie das Gemüse kurz darin. Würzen Sie mit etwas Kräutersalz und gemischtem Pfeffer. Auch Zugabe von gehackten Kräutern verfeinert den Geschmack – am besten halten Sie sich einen klei-nen Vorrat auf der Fensterbank.

Abends etwas Warmes ▶

Kohlrabi-Kartoffel-Gemüse

▌ Zubereitungszeit: 15 Minuten

▌ Die Kohlrabi und die Kartoffel schälen und in 2–3 cm große Würfel schneiden. Im Gemüsedämpfer zubereiten und verfeinern – siehe Kasten links. Je kleiner Sie das Gemüse schneiden, umso schneller ist es gar, bei der hier angegebenen Größe beträgt die Garzeit 5–7 Minuten.

Zutaten für 1 Portion

2	kleine Kohlrabi (oder 1 große)
1	große Kartoffel
1	kleine Schalotte
2 EL	Olivenöl

Bunter Gemüseteller

▌ Zubereitungszeit: 15 Minuten

▌ Die Paprika waschen und in Längsstreifen schneiden, die Zucchini waschen und in 1,5 cm dicke Scheiben schneiden. Die Kartoffel waschen, schälen und ebenfalls in 1,5 cm dicke Scheiben schneiden. Das Gemüse im Gemüsedämpfer zubereiten und verfeinern.

Zutaten für 1 Portion

1	rote Paprika
1	kleine Zucchini
2	kleine Kartoffeln
1	kleine Schalotte
2 EL	Olivenöl
	etwas Koriandergrün oder Petersilie

Tipp

Legen Sie die drei Gemüsesorten so in das Sieb des Dämpfers, dass sie getrennt gegart werden. Dann lässt sich das Gemüse getrennt anrichten und mit dem Koriandergrün bestreut servieren – ein Augenschmaus.

Rezepte für Eilige

Aus der Kartoffelcharge

Fenchel-Kartoffel-Gemüse mit Tomaten

Zutaten für 1 Portion

2–3 Kartoffeln und die Fenchelknolle mit -grün aus der
Kartoffelcharge von Seite 104
3 Cocktailtomaten
1 Zwiebel
1 Gemüsebrühwürfel
1 l Wasser
2 EL kaltgepresstes Olivenöl
einige Stängel
Glattpetersilie

▌ Zubereitungszeit: 15 Minuten

▌ Während die Kartoffeln und Fenchelteile im
Gemüsedämpfer garen, können Sie die Zwiebel
klein schneiden und im Olivenöl glasig dünsten.
Die Cocktailtomaten waschen und halbieren.
Geben Sie dann einen Teil der gegarten
Kartoffeln und den gegarten Fenchel dazu.

▌ Die Petersilie mit dem Wiegemesser sehr fein
hacken und zu dem Gemüse geben. Zum
Schluss die Tomatenhälften unter das heiße
Gemüse mischen. Mit Fenchelgrün dekoriert
servieren. Wenn Sie es deftiger mögen, geben
Sie einen halben Teelöffel Rukolapesto dazu.

Aus der Rote-Bete-Charge

Rote-Bete-Lauch-Gemüse

Zutaten für 1 Portion

Eine Hälfte der Rote-Bete-Charge
von Seite 104

▌ Zubereitungszeit: 10 Minuten

▌ Die Hälfte der Rote-Bete-Charge in einem Topf
für das Mittagessen erwärmen.

Aus der Brokkolicharge

Brokkoligemüse

Zutaten für 1 Portion

Ein Viertel des Brokkoli, ein Drittel
der Kartoffelmenge und die
Karotte der Brokkolicharge von
Seite 105

▌ Zubereitungszeit: 10 Minuten

▌ Die links genannten Zutaten auf einem Teller
anrichten, noch etwas Kräutersalz darüberstreuen. Verfeinern können Sie dieses Gericht
mit Öl und Gewürzen – siehe Seite 108 – sowie
mit frischen Kräutern, beispielsweise Petersilie.

Abends etwas Warmes ▶

Backofenkartoffeln mit Rosmarin

- Zubereitungszeit: 15 Minuten

- Die Kartoffeln mit der Gemüsebürste putzen, abwaschen und halbieren – sie haben eine so dünne Schale, dass sie nicht geschält werden müssen. Rosmarin waschen und mit dem Olivenöl und dem Kräutersalz mischen.

- Die Kartoffelschnittflächen mit dieser Mischung bestreichen und im Backofen bei 190 °C etwa 15 Minuten kross backen. Achten Sie darauf, dass die Kartoffeln nicht zu braun werden.

Tipp
Besonders leckere kleine Kartoffelsorten sind »La Ratte«, »Amandine«, »Bamberger Hörnchen« und »Galatina Sieglinde«.

Zutaten für 1 Portion

4	kleine neue Kartoffeln
1	Zweig Rosmarin oder getrockneter Rosmarin von Brecht (Reformhaus)
2 EL	Olivenöl
	Kräutersalz

Pellkartoffeln mit Avocadocreme

- Zubereitungszeit: 15 Minuten

- Pellkartoffeln kochen. Währenddessen die Avocado schälen und entkernen, das Fruchtfleisch mit der Gabel zerdrücken und die Gewürze und den Zitronensaft untermischen. Die Kartoffeln mit der Creme bestreichen.

Tipp
Wenn es mal schnell gehen soll, kann man die Pellkartoffeln auch mit 1/2 Glas Rukolapesto ohne Knoblauch oder 1/2 Glas Olivencreme (beides von Rapunzel) bestreichen.

Zutaten für 1 Portion

4	Pellkartoffeln
1	reife Avocado, Saft 1/2 Zitrone
1	Prise Meersalz
1	Prise gemischter Pfeffer
1/2	Schälchen Kresse

Rezepte für Eilige

GUT ZU WISSEN

Superschnelle Gemüsebrühe – die Verwandlungskünstlerin

Die folgende Gemüsebrühe ist der Hit nach einem anstrengenden Arbeitstag, denn sie ist in 2 Minuten fertig. Jeden Abend können Sie eine andere Gemüsesorte dazugeben. Es dauert 7–8 Minuten, bis das Gemüse gar ist. Nach 2 Tagen machen Sie die Suppe automatisch, ohne dabei Ihren müden Kopf zu strapazieren.

- Zutaten (für 1 Person): 1 Gemüsebrühwürfel, beispielsweise von Rapunzel, 1 l Wasser, 1 kleine Zwiebel, Gemüse nach Wahl, frische Kräuter
- Zubereitung: Das Wasser und den Brühwürfel in einen Topf geben und erhitzen. Die Zwiebel schälen und fein schneiden, das Gemüse schälen, in dünne Scheiben schneiden und zur Brühe geben – je dünner Sie die

Scheiben schneiden, umso schneller ist das Gemüse gar. Die Kräuter werden erst dazugegeben, wenn die Suppe im Teller ist, damit die Nährstoffe erhalten bleiben.

- So schmeckt die Gemüsebrühe jeden Tag anders – Varianten:
  am Montag mit 1 Kohlrabi,
  am Dienstag mit 2 kleinen Kartoffeln,
  am Mittwoch mit 2 kleinen Karotten,
  am Donnerstag mit Brokkoli,
  am Freitag mit 1 kleinen Stange Lauch,
  am Samstag mit Staudensellerie und Selleriegrün,
  am Sonntag mit grünen Bohnen.

Sie können so ein Süppchen immer mal wieder zur Entlastung genießen – auch außerhalb der Basenfastenwoche.

Aus der Brokkolicharge

Brokkolicremesuppe

Zutaten für 1 Portion

Die Hälfte des Brokkoli und $^2/_3$ der Kartoffeln der Brokkolicharge von Seite 105

$^1/_2$ l	Wasser
$^1/_2$	Gemüsebrühwürfel
	Kräutersalz
1	Prise Muskat
	etwas Endoferm (Reformhaus)
1 EL	frische Sprossen

- Zubereitungszeit: 8 Minuten

- Das Wasser erhitzen und den halben Gemüsebrühwürfel darin auflösen. Den Brokkoli und die Kartoffeln in ein hohes Gefäß geben, etwas Gemüsebrühe hinzufügen und alles pürieren, bis eine cremige Masse entstanden ist. In einen Teller gießen und die Sprossen darüberstreuen.

Abends etwas Warmes

Bunte Gemüsesuppe

- Zubereitungszeit: 15 Minuten

- Wasser zum Kochen bringen und den Gemüsebrühwürfel darin auflösen. Karotte, Kartoffel und Pastinake schälen und in kleine Streifen schneiden. Fenchel waschen (verholzte Anteile entfernen) und ebenso wie die Frühlingszwiebel in feine Streifen schneiden.

- Das Gemüse in die kochende Flüssigkeit geben und etwa 6 Minuten garen – wenn Sie das Gemüse sehr klein geschnitten haben, ist die Garzeit noch kürzer! Mit Muskat und Koriander abschmecken. Petersilie oder Kerbel fein hacken, auf die Suppe streuen und servieren.

Zutaten für 1 Portion

1	kleine Fenchelknolle
1	mittelgroße Kartoffel
1	mittlere Karotte
1	mittelgroße Pastinake oder Petersilienwurzel
1	Frühlingszwiebel
1	Gemüsebrühwürfel
1 l	Wasser
	etwas Muskatnuss, frisch gemahlener Koriander, frische Petersilie oder Kerbel

Aus der Kartoffelcharge

Kartoffelcremesuppe

- Zubereitungszeit: 8 Minuten

- Wasser zum Kochen bringen und den Gemüsebrühwürfel darin auflösen. Einen Teil der Gemüsebrühe zu den geschälten, gegarten Kartoffeln vom Mittag und das Ganze pürieren. Fügen Sie so lange Gemüsebrühe hinzu, bis die Masse eine cremige Konsistenz hat.

- Zwiebel schälen und sehr klein schneiden. Olivenöl in einem Topf erhitzen, die Zwiebeln darin glasig dünsten. Die pürierte Masse zufügen und mit Kräutersalz und Muskat würzen. Mit der Kresse garniert servieren.

Zutaten für 1 Portion

5 Kartoffeln aus der Kartoffelcharge von Seite 104
1	Zwiebel
1	Gemüsebrühwürfel
½ l	Wasser
2 EL	kaltgepresstes Olivenöl
	Kräutersalz
1	Prise Muskat
⅓	Schälchen Kresse zum Verzieren

113

Wie geht es weiter?

Die Basenfastenwoche stellt den Einstieg dar in eine neue, gesündere Lebensweise. Wie positiv diese Woche in puncto Entsäuerung gewirkt hat, spüren Sie sicher am besseren Körpergefühl, Sie können es aber auch objektiv messen. Außerdem finden Sie in diesem Kapitel viele Tipps, die das Basenfasten und seine positiven Wirkungen auf den Stoffwechsel unterstützen und so den Erfolg auf Dauer erhalten.

Wie geht es weiter?

Wie gut haben Sie entsäuert?

Gewichtsabnahme, schönere Haut sowie allgemeines Wohlbefinden sind deutliche Anzeichen, dass die Basenfastenwoche ein Erfolg war.

Es gibt noch weitere Anzeichen, die Ihnen zeigen, ob Sie in dieser Woche gut entsäuern.

■ Im Grunde zeigt jede Veränderung, die Sie während der Basenfastenwoche an sich feststellen, dass der Entsäuerungsprozess begonnen hat –

auch eine Erstverschlimmerung (siehe rechts) ist hierfür ein Hinweis.

Füllen Sie am besten nach Ende der Woche den folgenden Fragebogen aus. Wenn Sie alle Fragen mit Ja beantworten können, dann war die Entsäuerung ein voller Erfolg.

Wie gut kam die Entsäuerung in Gang?

	Ja	Nein
Werden die Augen nach einigen Tagen klarer?	○	○
Wird die Haut glatt und weich?	○	○
Verschwindet der Zungenbelag?	○	
Schlafen Sie nachts besser?	○	○
Wachen Sie ausgeruhter aus?	○	
Werden Sie leistungsfähiger?	○	○
Können Sie sich besser konzentrieren?	○	
Wird der Stuhlgang besser?	○	○
Verändert sich der Stuhlgang in Farbe und Geruch?	○	
Verändert sich der Urin in Farbe und Geruch?	○	○
Verschwinden alte Krankheitssymptome?	○	
Sind schon die ersten Pfunde gepurzelt?	○	○

Wie gut haben Sie entsäuert?

Es kann aber auch sein, dass die Entsäuerung sich zunächst in einer Erstverschlimmerung äußert. So kann die Haut zunächst unreiner werden, die Zunge weiß, gelb, grau oder braun belegt sein, die ersten beiden Tage können mit Kopfschmerzen einhergehen und die Verdauung kann erst mal schlechter sein. Auch die körperlichen Ausdünstungen können unangenehm riechen. Keine Sorge – das alles sind Zeichen, dass sich der Stoffwechsel in Bewegung gesetzt hat und der Entsäuerungsprozess begonnen hat. Unterstützen Sie Ihren Körper in solchen Phasen, indem Sie öfter ein Basenbad nehmen und noch mehr trinken, das heißt mindestens 3 Liter Flüssigkeit, vielleicht sogar einen halben Liter mehr.

Was ist eine Erstverschlimmerung?

Wenn ein so großer Säureüberschuss im Körper besteht, dass die Entsäuerung nicht reibungslos ablaufen kann, kann es zu einer Erstverschlimmerung kommen: Zunächst werden die Säuren aus den Säuredepots mobilisiert – was zu Kopfschmerzen und anderen Symptomen führt. Im zweiten Schritt können die Säuren dann ausgeschieden werden. Je übersäuerter der Körper ist, umso länger und umständlicher ist der Entsäuerungsprozess. Oft dauert es in solchen Fällen auch einige Tage länger, bis sich überhaupt etwas tut.

■ Beachten Sie auch die regelmäßige Darmreinigung – das hilft dem Körper, die Säuren besser auszuscheiden.

Messen Sie Ihre Entsäuerung

Mit bestimmten Messmethoden kann man den Säuregehalt in den verschiedenen Körperflüssigkeiten wie Blut, Speichel und Urin messen. Alle diese Methoden geben jedoch nur bis zu einem gewissen Grad Auskunft über den tatsächlichen Säuregehalt in unserem Körperinnern, denn wir messen ja nicht das Zel*innere* und wir messen auch nicht direkt *im* Bindegewebe.

Hinzu kommt, dass Säuren im Körper nicht als freie, messbare Säuren abgelagert werden. Freie Säuren sind zu aggressiv und würden die Gewebe angreifen, deshalb werden sie zum Schutz der Gewebe verpackt und somit vorübergehend unschädlich gemacht. Wenn Sie nun Basenfasten und damit die Säureausscheidung ankurbeln, werden diese verpackten Säuren (Säure-

Wie geht es weiter?

depots) mobilisiert und über die Haut, die Atemluft, über den Stuhl und den Urin ausgeschieden. Und das kann man messen. In vielen Büchern wird empfohlen, für die pH-Wert-Bestimmung (= Säurebestimmung) den Morgenurin zu verwenden: Hierzu wird ein Indikatorpapier, das in jeder Apotheke erhältlich ist, für einige Sekunden in den frischen Morgenurin gehalten. An einer Farbveränderung des Papiers kann man den jeweiligen pH-Wert ablesen. Meist zeigt das Papier bei basischem Morgenurin eine grüne bis blaue Färbung und bei saurem Urin eine hellgrüne bis braunrote Färbung.

Doch der Morgenurin ist nur ein Teil der Wahrheit. Der Mensch ist ein rhythmisches Wesen und seine Säureausscheidung unterliegt im Laufe eines Tages verschiedenen Rhythmen. Abhängig von den Zeiten der Nahrungsaufnahme kommt es dabei zu so genannten Säurefluten vor dem Essen und zu Basenfluten etwa 1–2 Stunden nach dem Essen. Während einer Säureflut ist der pH-Wert im Urin sauer, während der Basenflut ist er basischer. Wenn Sie beispielsweise am Abend ein Nudelgericht mit Tomatensoße, Wein sowie Dessert zu sich genommen haben, dann »muss« der pH-Wert am Morgen sauer

sein, denn all diese Säurebildner wird ein gesunder Stoffwechsel so schnell wie möglich ausscheiden. Sie sehen: Der Morgenurin alleine sagt fast gar nichts aus – er ist eine »Momentaufnahme« und von vielen äußeren Faktoren abhängig.

▍ Wenn Sie wissen wollen, ob Sie Ihre Säuren auch wirklich loswerden, dann sollten Sie mit *mehreren* Urinmessungen pro Tag eine Urin-pH-Verlaufskontrolle durchführen – siehe rechts.

Das geht ganz einfach, indem Sie in das folgende pH-Tagesprofil Ihre eigenen pH-Werte eintragen, die Sie mehrmals täglich vor und nach Ihren Mahlzeiten gemessen haben – wenn Sie mehrere Tagesprofile erstellen möchten, können Sie die Seite problemlos kopieren. Zum Vergleich ist in diesem Tagesprofil bereits der (ideale) pH-Verlauf bei gesunder Stoffwechsellage als gestrichelte grüne Linie eingetragen.

Diese Verlaufsbeobachtung bietet eine aufschlussreiche Orientierung, sie *müssen* Sie jedoch nicht durchführen, denn sie ist für den Erfolg des Basenfastens nicht ausschlaggebend. Zudem ist unser Säure-Basen-Haushalt um einiges komplizierter, als dass wir ihn so einfach mit wenigen Teststreifen durchschauen könnten.

Wie gut haben Sie entsäuert? ▶

Ihre Urin-pH-Verlaufskontrolle

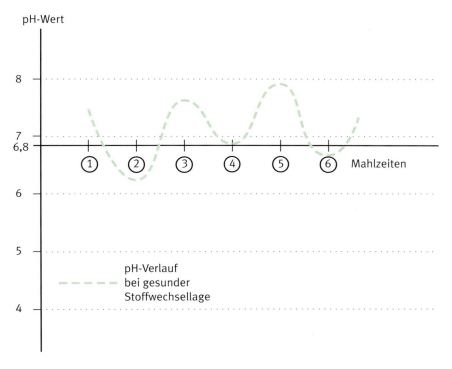

	Urin-pH-Messung	Bemerkungen*
①	nach dem Abendessen	
②	vor dem Frühstück (Morgenurin)	
③	eine Stunde nach dem Frühstück	
④	vor dem Mittagessen	
⑤	eine Stunde nach dem Mittagessen	
⑥	vor dem Abendessen	

* beispielsweise Stress, unregelmäßiges Essen

Wie geht es weiter?

GUT ZU WISSEN

Was den Erfolg schmälern kann

Die Woche ist geschafft, dennoch sind die Pfunde nicht so gepurzelt, wie Sie sich das gewünscht haben? Es gibt einige Möglichkeiten, die als Ursache hierfür in Frage kommen. Gehen Sie auf Fehlersuche, vielleicht haben Sie doch etwas übersehen? Alle mit »Nein« beantworteten Fragen zeigen, wo die Ursache für Ihren Misserfolg liegen können. Lesen Sie auch in aller Ruhe noch einmal die Basics (ab Seite 14) und die 10 goldenen Regeln auf Seite 28 durch.

Haben Sie den oder die Fehler gefunden? Dann gibt es zwei Möglichkeiten. Erste Möglichkeit: Sie verlängern das 7-Tage-Programm noch einmal um einige Tage oder um eine Woche und vermeiden dabei die gemachten Fehler. Oder: Sie notieren sich genau, was Sie falsch gemacht haben – am besten im Buch – und wiederholen das 7-Tage-Programm in einigen Wochen oder Monaten wieder.

Checkliste zur Fehlersuche

	Ja	Nein
Haben Sie jeden Tag genügend getrunken (Entsäuerung)?		
Haben Sie ausschließlich die empfohlenen Getränke getrunken?	○	○
War doch Roiboos in der Teemischung (Kreislaufprobleme)?		
Waren Früchte wie Hagebutten im Tee (Säurebildner)?	○	○
Haben Sie zu viel gegessen (Gewicht)?		
Haben Sie Rohkost wirklich nur bis 14 Uhr gegessen (Blähungen)?	○	○
Haben Sie zu viel Obst gegessen (Blähungen)?		
Haben Sie immer langsam gegessen und gut gekaut?	○	○
Haben Sie zu viele basische Snacks genascht (Gewicht)?		
Haben Sie zu spät abends gegessen? (Gewicht)?	○	○
Haben Sie den Darm nicht oder zu selten gereinigt (Blähungen, Gewicht)?		
Haben Sie sich ausreichend bewegt?	○	○
Haben Sie genügend geschlafen?		

Wie gut haben Sie entsäuert? ◀

Das habe ich mir vorgenommen, beim nächsten Basenfasten zu beachten:

....

....

....

....

....

....

....

GUT ZU WISSEN

Was aber, wenn Sie wirklich alles beachtet und richtig gemacht haben und die Waage will sich einfach nicht bewegen? In einem solchen Fall handelt es sich um eine Störung des Stoffwechsels, die unterschiedliche Ursachen haben kann. Viele Stoffwechselstörungen sind hausgemacht: jahrelange Abmagerungskuren, übermäßiger Genuss von tierischem Eiweiß, chronische Überlastung des Stoffwechsels infolge von Fehlernährung, jahrelange Einnahme von Medikamenten usw. In einigen wenigen Fällen sind Stoffwechselstörungen wirklich angeboren, doch auch hier ist es möglich, durch entsprechende Ernährung einen positiven Einfluss zu nehmen.

Was ist zu tun? Wenn Ihr Stoffwechsel – egal aus welchem Grund – langsamer arbeitet, dann reichen 7 Tage für eine Basenfastenkur in der Regel nicht aus. Meist stellt sich die gewünschte Gewichtsabnahme erst in der zweiten und dritten Woche ein – siehe Verlängerungswoche Seite 124.

Wie geht es weiter?

So erhalten Sie sich Ihren Erfolg!

Die Basenfastenwoche erleichtert Ihnen den Einstieg in eine gesündere und bewusstere Ernährungs- und Lebensweise – starten Sie durch!

Wenn Sie alle Anweisungen richtig befolgt haben, bin ich sicher, geht es Ihnen wie den meisten Basenfastenden: Sie fühlen sich rundum wohl, fit und leistungsfähig. Vermutlich haben Sie auch einige Pfunde hinter sich gelassen und fragen sich nun, wie Sie sich diesen Erfolg ohne Jo-Jo-Effekt erhalten können. Das Wichtigste: Gehen Sie nach der Basenfastenwoche nicht gleich wieder zur gewohnten Tagesordnung in puncto Essverhalten über.

■ Beim Basenfasten gibt es kein Fastenbrechen, da während der ganzen Woche gegessen werden darf. Sobald Sie die Basenfastenwoche beendet haben, beginnen die Aufbautage. Und die entscheiden über den langfristigen Erfolg Ihrer Bemühungen.

Machen Sie zunächst einen Check. Überlegen Sie in aller Ruhe, was für Sie während dieser Woche besonders wichtig war und machen Sie sich Gedanken über die Zeit nach dem Fasten. Nehmen Sie ein Blatt Papier zur Hand und beantworten Sie spontan:

■ Wie haben Sie sich während der Basenfastenzeit gefühlt?

■ Was hat Ihnen in dieser Woche besonders gut getan?
■ Was haben Sie während dieser Woche gar nicht vermisst?
■ Was haben Sie in dieser Woche am meisten vermisst?
■ Welche neuen Ernährungsgewohnheiten wollen Sie gerne in Ihren Alltag einbauen?
■ Was möchten Sie sonst noch gerne mit in Ihren Alltag übernehmen – beispielsweise in puncto Bewegung?
■ Was war für Sie ganz unmöglich, so dass Sie es auf keinen Fall übernehmen werden?
■ Auf welche Nahrungs- und Genussmittel konnten Sie am leichtesten verzichten?
■ Zu welcher Tageszeit ist es Ihnen am leichtesten gefallen, auf Ihre gewohnten »sauren« Mahlzeiten zu verzichten – morgens, mittags oder abends?

Beginnen Sie damit, was Ihnen am wenigsten gefehlt hat. Wenn Ihnen beispielsweise der Verzicht auf das gewohnte Marmeladenbrot am Morgen zu Ihrem eigenen Erstaunen gar nicht schwer gefallen ist und Sie sich jetzt mit Ihrem Obstfrühstück viel wohler fühlen, dann behalten Sie doch das basische

So erhalten Sie sich Ihren Erfolg!

Frühstück einfach bei. So haben Sie schon Ihre basischen Vorschusslorbeeren für den Tag: Eine Mahlzeit war schon mal basisch, was immer der Tag sonst noch bringen mag. Eine schöne Abwechslung ist hier, wenn Sie unter der Woche ein basisches Obstfrühstück zu sich nehmen und sich am Sonntag dafür ein frisches Brötchen und Kaffee erlauben.

Wenn es Ihnen besonders leicht gefallen ist, abends nur eine schnelle Basensuppe zu essen, dann machen Sie sich das zum Ritual. Der Blick auf Ihre Waage wird Sie dafür belohnen.

Wenn Sie wirklich vorhaben, Ihre Ernährungsweise zu verändern, dann ist es wichtig, dass Sie in sich hineinhorchen um herauszufinden, wonach Sie ein wirkliches Bedürfnis haben. Je entschlackter Ihr Körper mit der Zeit ist, umso klarer erhalten Sie die Antworten. Es macht keinen Sinn, sich ausschließlich nach Kalorien-, Nährstoff-, Vitamin- oder Basentabellen zu ernähren. Sie dienen lediglich der groben Orientierung.

Ein entschlackter Körper weiß, was er braucht. Es sind hier die Selbstheilkräfte am Werk, die dem Körper signalisieren, was er braucht, um gesund zu werden oder gesund zu bleiben. Deshalb macht es auch Sinn, den entschlackten Zustand, der durch das Basenfasten eingetreten ist, so lange wie möglich zu erhalten, um Krankheiten dauerhaft zu vermeiden.

Vielleicht schmeckt ja auch ▶ Ihrem Partner morgens frisch gepresster Saft besser als Kaffee?

Wie geht es weiter?

Die Verlängerungswoche

Hat Ihnen das 7-Tage-Programm gut getan und haben Sie richtig Lust, noch ein wenig weiterzumachen? Dann tun Sie es! Sie können die Basenfastenwoche problemlos um ein oder zwei Wochen verlängern. Wenn Sie Lust haben auf neue basische Rezepte, dann finden Sie in meinen anderen Büchern »Gesundheitserlebnis Basenfasten«, »Allergien: Endlich Hilfe durch Basenfasten«, »Basenfasten plus« sowie »Basenfasten: Das große Kochbuch« über 100 rein basische Rezeptideen – da ist für jeden Geschmack und für jedes Zeitproblem was dabei.

Doch zunächst einmal zu der Frage, die mir immer wieder gestellt wird: Wie lange kann man basenfasten, ohne dass es der Gesundheit schadet?

Wie lange kann ich basenfasten?

Ein durchschnittlich gesunder Mensch kann ohne Probleme 3 bis 4 Wochen basenfasten. Wenn Sie mehr als 4 kg Gewicht abnehmen möchten, können Sie die Basenfastenzeit auf 6 bis 8 Wochen ausdehnen. Wenn Sie merken, dass Sie von »nur Obst und Gemüse« jetzt so richtig die Nase voll haben, hören Sie auf. Nehmen Sie sich in diesem Punkt nicht zu viel vor. Es ist besser, Sie legen mehrmals im Jahr eine oder zwei Basenfastenwochen ein, die Sie gut durchhalten können, als dass Sie sich 6 Wochen durch eine »Saure-Gurken-Zeit« quälen.

Die Aufbautage

Die Basenfastenwoche wird erst dann zu einem richtigen Erfolg, wenn Sie dadurch motiviert werden, danach Ihre Ernährung umzustellen. Um Ihnen diese Umstellung zu erleichtern, schauen Sie sich am besten die folgende Checkliste an und lassen Sie zunächst alle säurebildenden Lebensmittel weg, die Sie während der Basenfastenwoche ohnehin nicht oder kaum vermisst haben. Und wenn es gar nichts gibt, das Sie problemlos weglassen können? Dann sollten Sie sich aus Vernunftgründen an die 80:20-Regel halten, damit Ihr Säure-Basen-Haushalt nicht aus dem Lot gerät (siehe Abbildung):

- 80 % der Nahrung sollte aus Basenbildnern wie Obst und Gemüse bestehen – essen Sie davon so viel wie möglich.

So erhalten Sie sich Ihren Erfolg! ▶

■ Nur 20 % der Nahrung sollte aus Säurebildnern bestehen: Fleisch, Kaffee, Alkohol, Weißmehlprodukte, Süßigkeiten, Milchprodukte sollten deshalb nur noch selten auf den Tisch kommen – essen Sie davon so wenig wie möglich.

Mit welchen Nahrungsmitteln können Sie nach dem Basenfasten wieder einsteigen? Säurebildner sind nun ja wieder erlaubt, sollten aber nur noch 1/5 der Nahrung darstellen. Außerdem: Säurebildner sind nicht gleich Säurebildner! Es ist nicht egal, ob Sie Säure-

▼ Eine Ernährung nach der Säure-Basen-Pyramide hilft, den Erfolg des Basenfastens zu erhalten und nicht wieder sauer zu werden.

20 %

5 Süßigkeiten
Limonaden, Cola, Softdrinks, Kaffee, Alkohol
Fleisch, Geflügel, Fisch
Weißmehlprodukte, Nudeln
Milchprodukte (Käse, Butter, Jogurt)
säurebildende Gemüse (Spargel, Rosenkohl, Artischocken, Linsen)

4 Vollkornprodukte, Getreide (Flocken, gekocht, geschrotet), Vollkornnudeln, Brot (mehr Dinkel, Hirse und Hafer, weniger Weizen und Roggen)

80 %

3 Kalt gepresste Öle, Nüsse, Samen

2 Obst, möglichst roh – bis 14 Uhr

1 Basis: Gemüse, roh und gegart, Kräuter und Keimlinge

Wie geht es weiter?

bildner in Form von Cola, Alkohol, Fleisch, Süßigkeiten oder Vollwertgetreide zu sich nehmen.

Die folgende Aufstellung zeigt Ihnen die Reihenfolge, in der Sie säurebildende Nahrungsmittel wieder in Ihren Speiseplan aufnehmen können:

1. Vollkorngetreide: Getreideflocken, gekochtes Getreide, geschrotetes Getreide, Vollkornnudeln, Brot; besonders Dinkel und Hafer sind wenig säurebildend
2. Sauer wirkende Gemüse wie Rosenkohl, Artischocken, Linsen
3. Milchprodukte, auch Käse, Butter, Jogurt
4. Fisch
5. Weißmehlprodukte, auch Nudeln, Pizza
6. Geflügel
7. Fleisch vom Rind, Schwein, Kalb, Wild, Lamm, Ziege
8. Wurstwaren
9. Süßigkeiten
10. Limonaden, Cola sowie andere Softdrinks
11. Alkohol

GUT ZU WISSEN

Grundregeln der gesunden Nahrungsaufnahme

- Nehmen Sie sich Zeit!
- Kauen Sie gründlich!
- Konzentrieren Sie sich auf das Essen (Schweigen, keine Zeitung, kein Radio/Fernseher nebenher)
- Essen Sie nicht zu viel!
- Essen Sie möglichst nach 19 Uhr nichts mehr.
- Trinken Sie täglich 2,5–3 Liter Flüssigkeit in Form von stillem Wasser oder Kräutertee.

- Verzichten Sie möglichst auf Genussmittel (Alkohol, Nikotin, Kaffee, Süßes).
- Nehmen Sie nach 14 Uhr keine Rohkost mehr zu sich, wenn Sie einen empfindlichen Verdauungstrakt haben.
- Essen Sie kein unreifes Obst.
- Halten Sie sich an die 80:20-Regel: 80 % der Nahrung sollte basisch, lediglich 20 % sauer verstoffwechselt werden.

So erhalten Sie sich Ihren Erfolg!

Der basische Tag zwischendurch

Wenn alle guten Vorsätze nicht gegriffen haben, gibt es eine einfache Möglichkeit, kleine Sünden auszubügeln: Legen Sie hin und wieder einen basischen Tag ein. Das geht ganz einfach und erfordert keine große Vorbereitung. Ein guter Tag für solche Vorhaben ist der Samstag.

Wenn Sie zu Verstopfung neigen, wird der Effekt des basischen Tages durch eine Darmreinigung noch verbessert. Machen Sie dazu am Vorabend einen Einlauf oder nehmen Sie eine Portion Glaubersalz.

Morgens

- Trinken Sie nach dem Aufstehen ein Glas heißes Wasser von Quellwasserqualität (kein Stadtleitungswasser!). Das kurbelt die Verdauung an und reinigt.
- Nehmen Sie als Frühstück nur einen Apfel oder eine Banane zu sich.
- Auch ein frisch gepresster Apfel-Karotten-Saft ist geeignet – die Karotten fördern die Entgiftung über die Leber.
- Kochen Sie die erste Kanne Kräutertee (Beutel auf 1 l Quellwasser) und trinken Sie den Tee bis mittags leer.
- Nehmen Sie bei Ihrem Wochenendkauf vom Markt 2–3 Gemüsesorten und etwas Blattsalat extra mit.

Mittags

- Bereiten Sie sich einen schönen Rohkostsalatteller zu aus grünem Salat, Karottensalat und Rettichsalat mit einem basischen Dressing.

▲ Regelmäßig ein Tag »nur Obst und Gemüse« entsäuert.

- Kochen Sie die zweite Kanne Kräutertee, die bis abends geleert sein muss.
- Machen Sie am Nachmittag einen Spaziergang von mindestens einer Stunde – Jogging oder Walking ist eine gute Alternative.

Abends

- Essen Sie noch vor 19 Uhr eine basische Gemüsesuppe für Eilige mit ein bis zwei Gemüsesorten Ihrer Wahl. Sie können natürlich auch ein aufwändiges basisches Gericht kochen, ganz nach Belieben.
- Trinken Sie noch einen halben oder einen ganzen Liter Kräutertee oder Wasser.
- Gönnen Sie sich vor dem Zubettgehen ein Basenbad.
- Gehen Sie vor 23 Uhr ins Bett.

Wie geht es weiter?

Regelmäßige Bewegung entsäuert

Aber nicht nur die Ernährung beeinflusst den Säure-Basen-Haushalt. Ein ganz entscheidender Entsäuerungsfaktor ist die Bewegung.

■ Bewegen Sie sich regelmäßig, das heißt jeden Tag 30–45 Minuten. Laufen Sie, joggen, walken, schwimmen Sie – wählen Sie die Bewegungsart, die Ihnen persönlich Spaß macht.

Wenn Sie Lust haben, sich zu bewegen, wirkt das besser entsäuernd, als wenn Sie sich verkrampft und lustlos 45 Minuten auf einem Hometrainer abstrampeln. Welche Bewegungsart Sie auf Dauer für sich wählen, hängt ganz von Ihrem Bedürfnis ab. Regelmäßig praktizierte Yoga und Meditation ist hier genauso effektiv und gesund wie tägliches Joggen. Lesen Sie dazu auch, was ich in den Basics ab Seite 22 geschrieben habe. Leistungssport jedoch, womöglich noch unterstützt mit Eiweißshakes, macht sauer!

Entsäuernde Wasseranwendungen

Wasseranwendungen, egal welcher Art, sind eine wunderbare Methode, Säuren wieder loszuwerden. Schaffen Sie sich Raum in Ihrem Kalender dafür. Buchen Sie sich selbst einen Wasser-Wellness-Tag, sozusagen als Kurzurlaub. Es lohnt sich. Sie können sich dadurch den Basenfastenerfolg verlängern – vor allem dann, wenn Sie auch die Ernährung umstellen.

Das Basenbad oder die Dusche zu Hause

Wer wenig Zeit hat, für den ist das Basenbad (siehe Seite 25) eine sehr effektive Lösung. Es ist schnell und ohne Vorbereitung zu Hause durchführbar und außerdem preiswert. Und wenn es noch schneller gehen soll, dann stellen Sie sich einfach 15–20 Minuten unter die heiße Dusche. Das heiße Wasser wirkt auch über die Haut entsäuernd und entspannt zudem die Muskulatur.

Duschen mit Thermalwasser

Wenn Sie in der Nähe ein Thermalbad haben, in dem Sie auch mit Thermalwasser duschen können, dann nutzen Sie diese Gelegenheit, um besonders lange zu brausen. Leider befindet sich bei den meisten Thermalbädern in Deutschland das Thermalwasser nur in den Wasserbecken und ist zudem mit reichlich Chlor versetzt, was nicht mehr

So erhalten Sie sich Ihren Erfolg!

entsäuernd wirkt. Von den Thermalbädern im süddeutschen Raum ist das Friedrichsbad in Baden-Baden eines der wenigen, das über Thermalbrausen verfügt.

Sauna und Schwimmen

Zu den bekanntesten Wasser- und Wärmeanwendungen in unseren Breiten gehört wohl die Sauna. Gut ist es, wenn Sie vor dem Saunieren eine halbe Stunde schwimmen gehen und danach noch zwei oder drei Saunagänge machen. Die entsäuernde Wirkung ist hier vor allem durch das Schwitzen gegeben. Im Schweiß sind eine Menge Giftstoffe enthalten, die mit ausgeschieden werden.

Kneippanwendungen

Auch Kneippanwendungen sind weit verbreitet. Dabei handelt es sich um verschiedene Anwendungen von Wasser, wie sie von Pfarrer Sebastian Kneipp (1821–1897) entwickelt wurden. Dazu gehören: Wassertreten, Knie- und Armgüsse, die Anwendung von heißen und kalten Güssen im Wechsel, Abreibungen, Waschungen.

Das Hamam

Ein toller Luxus, aber nicht ganz preiswert, ist das Hamam. Kaum irgendwo können Sie den Alltag so schnell hinter sich lassen wie in einem Hamam. Das Hamam ist eine ritualisierte Reinigungsprozedur, die aus dem orientalischen Kulturbereich stammt. Die wohlige Wärme und die Seifenmassage des türkischen Bademeisters sind eine Wohltat für Körper und Seele. Viele

Entsäuernd wirkt ▶ auch ausgiebiges Duschen.

129

Wie geht es weiter?

Hotels und Kurhäuser in Deutschland bieten ihren Gästen inzwischen das Hamam an. Gönnen Sie sich hin und wieder diesen Luxus und entsäuern Sie dabei.

Das Rasul

Auch orientalisch, aber auf der Basis von Tonerden entsäuert das Rasul. Im Prinzip ist das Rasul ein Peeling. Sie bekommen zu Beginn des Rasuls vier Schälchen mit Tonerde von verschiedener Körnigkeit, die Sie auf Gesicht, Arme, Beine, Rücken und Bauch einmassieren. Leider müssen Sie hier die Massage selbst ausführen – was nicht ganz so komfortabel ist. Sie sitzen dabei in einem wunderschön orientalisch gestalteten Dampfraum und lassen die einmassierten Tonerden etwa 20 Minuten einwirken. Nachdem die Tonerden abgewaschen sind, fühlt sich die Haut samtweich an. Nebeneffekt dieser Entsäuerung: Die Haut wird dadurch optimal gereinigt.

Planen Sie jetzt schon Ihre nächste Basenfastenwoche

Doch mit den guten Vorsätzen zur künftigen Ernährungs- und Lebensweiseumstellung ist das meist so eine Sache. Denn alle guten Vorsätze haben meist einen Nachteil: Sie verblassen im Trubel des Alltags, und wenn der Berufsstress einige Wochen lang um Sie herumtobt, geraten so manche guten Vorsätze in Vergessenheit.

Dagegen gibt es ein wirksames Mittel: Merken Sie sich Ihr nächstes 7-Tage-Basenfastenprogramm im Kalender vor! Machen Sie sich bereits in der Woche vor dem Programm eine Notiz, damit Sie rechtzeitig Ihren Kühlschrank basisch bestücken können.

Bezugsquellen

- Chufas Nüssli (S. 98): Habel-Getreide-flocken, Ringstr. 18, 86511 Schmiechen
- Gemüsedünster (S. 46): WMF Aktien-gesellschaft, Eberhardstraße, 73309 Geislingen/Steige
- Entsafter (S. 48): Keimling Naturkost GmbH, Bahnhofstr. 51, 21614 Buxtehude, Tel. 04161/5 11 60
www.keimling.de
E-mail: naturkost@keimling.de
- Keimlinge, Sprossen, Samen: Eschenfelder, Turnstr. 30 (Fabrik am Kreuzfelsen), 76846 Hauenstein, Tel. 06392/71 19
www.eschenfelder.de
Bötz Gemüsebau, Loher Hauptstr. 99, 90427 Nürnberg, Tel. 0911/34 53 91

- Kräutersalz: Gewürzmühle Brecht GmbH, Ottostr. 1–3, 76334 Eggenstein
- Kräuterseitlinge: Pilzgarten GmbH, Fabrikstraße 12, 27389 Helvesiek, Tel. 4267/93 30
- Mineralwasser: Lauretana Wasser (S. 37), www. Lauretana.de
- Naturkost, basische Fertigprodukte (S. 41, 49, 112): Rapunzel Naturkost AG, Haldergasse 9, 87764 Legau
- Schüßler-Salze (S. 93): Deutsche Homöo-pathie-Union, Ottostr. 24, 76227 Karlsruhe, Tel. 0721/40 93 01
- Tees: Lebensbaum, Ulrich Walter GmbH, Dr.-Jürgen-Ulderup-Str. 12, 49356 Diepholz, Tel. 05441/98 56-100

Literatur

Ulrike Banis: Erdstrahlen & Co. Haug Stuttgart 2001

Sabine Wacker, Dr. med. Andreas Wacker: Gesundheitserlebnis Basenfasten. Haug, Stuttgart 2002

Sabine Wacker, Dr. med. Andreas Wacker: Allergien: Endlich Hilfe durch Basenfasten. Haug, Stuttgart 2004

Sabine Wacker, Dr. med. Andreas Wacker: Basenfasten für Sie. Haug, Stuttgart 2005

Sabine Wacker: In Balance mit Schüßler-Salzen. Haug, Stuttgart 2006

Sabine Wacker: Ihr Einkaufsführer Basenfasten. Haug, Stuttgart 2006

Sabine Wacker: Basenfasten: Das große Kochbuch. Haug, Stuttgart 2007

Sabine Wacker: Basenfasten plus, 2. Auflage. Haug, Stuttgart 2007

Register

Abendessen 75, 108 ff.
  unterwegs 34
Abnehmen 121, 124
Abschalten 24
Agavendicksaft 52
Akne 11
Algen 64
Alkohol 26, 37
Allergien 12, 40, 50
Antioxidanzien, Verlust in
  der Mikrowelle 51
Apfelkraut 52
Apfelsaftkonzentrat 49, 52
Arbeitszeit, 31
Aromastoffe 49
Arthrose 11
Asthma 12
Aufbautage 124
Avocado 42
Ayurveda 17

Basenampel 31, 74
Basenbad 24 f., 128
Basenbildner 10, 15
Basenfasten
  Dauer 124
  in der Familie 32
  im Hotel 33
  unterwegs 33
Basenfasten-Basics 14
Basenfastentyp 31
Basischer Tag zwischen-
  durch 127
Basometer 52 ff.

Bauchmassage 21
Bedürfnis nach
  Entschlackung 123
Beginnen des
  Basenfastens 68
Belohnung 15, 37, 89
Bewegung 23, 75, 128
Bewegungsprogramm 22
Bindegewebe 11
Birnendicksaft 52
Birnenkraut 52
Bittersalz 19
Blähungen 18
Brennnesseltee 17
Brokkoli in der
  Mikrowelle 51
Brokkolicharge 105
Brokkolisprossen 47
Butter 26, 40
Butterbrezel 27

Champion 48
Charge 104
Chufas Nüssli 64, 71
Cola 26, 68
Colon-Hydro-Therapie
  20, 69

Dämpfen 46, 108
Darm, Gesamtfläche 21
Darmbakterien 18
Darmmassage 20

Darmreinigung 17, 72,
  75, 117
Depressionen 43
Dessert beim
  Basenfasten 75
Dillgurken 73
Dinnercancelling 85
Döner 27
Dressing für basische
  Salate 75
Dusche 128

Eier 26
Einkauf für das
  Basenfasten 70 f.
Einläufe 18, 19
Einstieg in das
  Basenfasten 72, 76
Eis 26
Eisen 41
  in Kräutern 61
Eiweißversorgung beim
  Basenfasten 42
Emulgatoren 49
Entsafter 48
Entzugserscheinungen 69
Erdstrahlen 25
Erfolg erhalten 122
Erholung 24
Erkrankungen,
  chronische 10
Erstverschlimmerung 116
Erwärmen 47
Essen nach 18 Uhr 28

Essig 49 f., 75
Essmenge 28
Essregeln 126
Essverhalten 122

Familie 32
Farbstoffe 49
Fastenbrechen 122
Fehlernährung 121
Fehlersuche 120
Fertigprodukte, basische
    49 ff., 63
Fertigtees 17
Fleisch 26
Fragebogen
    zur Entsäuerung 116
    Notwendigkeit einer
    Entsäuerung 13
Früchtetees 17
Frühstück 96 ff.
    beim Basenfasten 74 f.
    unterwegs 34
Füllmenge bei einem
    Einlauf 20

Gartenkresse 47
Gärung
    im Darm 18
    milchsaure 50
Gelenksentzündungen 11
Gemüse, milchsauer ein-
    gelegtes 50
Gemüsebrühwürfel 31, 71
Gemüsedämpfer 28,
    46, 108
Gemüsesorten, basenbil-
    dende 56 f.
Genussmittel 126

Geschäftsreise 33
Gespräch bei der Colon-
    Hydro-Therapie 22
Getränke fürs
    Basenfasten 16 f.
Gewicht reduzieren 12
    bei langsamem
    Stoffwechsel 121
Gewürze 29, 59 ff.
Gicht 11
Glaubersalz 18
Glutamat 71
Gomasio 41, 64, 71
Greenstar 48

Hamam 69, 129
Hamburger 27
Hautunreinheiten 11
Heilfasten 11
Heiltee 17
Heißhungerattacken 36
    nach Feierabend 73
Honig 49

Indikatorpapier 118
Infektanfälligkeit 12
Ingwertee 96
Irrigator 19

Jahreszeit 43
Joggen 22
Jo-Jo-Effekt 122

Kaffee 26, 68 ff.
Kalium 41
Kalzium 41 f.
Kanne Brottrunk 50
Kantine 30, 75

Kapuzinerkresse 61
Kartoffelcharge 104
Kartoffeln 42
Käse 26
Kauen 29, 52
Keimlinge 47, 62
Kneippanwendungen 129
Knoblauch 26, 29, 49 f.
Kochmöglichkeit am
    Arbeitsplatz 30
Konservierungsmittel 49
Kräuter 29, 59 ff., 71
Kräutertees 17, 71
Kühlschrank entsäuern
    70 ff.

Laufen 22
Leistungssport 128
Luzerne 47

Magnesium 41
Mandeln 42, 55, 64, 73
Margarine 26
Medikamentenein-
    nahme 121
Meditation 23, 128
Meersalz 29
Messmethoden zur
    Entsäuerung 117
Migräne 11, 12
Mikrowelle 51
Milch 40 f.
Milchprodukte 26, 41, 49
Mineralien in basischen
    Lebensmitteln 41
Mis-en-place 30, 35

Register

Mittagessen beim
  Basenfasten 74 f., 100 ff.
  unterwegs 34
Mittelmeerkräuter 61
Morgenurin 118
Motivation 14
Müdigkeit 68
Mungbohnen 47

Nahrungsmittel
  basenbildende 15, 52 ff.
  säurebildende 26
Nasennebenhöhlenent-
  zündungen 12
Natriumsulfat 19
Navets-Rübchen 102
Neurodermitis 12
Nierenerkrankungen 12
Notessen 73, 77

Obst für die
  Basenfastenwoche 71
Obstsorten, basen-
  bildende 53 f.
Öle 65, 71
Oliven 55, 73
Ölmassage 69
Orangenhaut 11
Oregano 61
Osteoporose 42

Pastinake 103
Petersilienwurzel 103
Pfefferminztee 17
pH-Bestimmung im
  Urin 118
Phosphor 41
Pilze 58

Planen der nächsten
  Basenfastenwoche 130
Pollenallergie 10, 50

Quellwasser 71, 77
Qigong 23

Radieschensprossen 47
Radikale, freie 51
Rahmenprogramm 69
Rasul 130
Rauchen 70
80:20-Regel 124, 126
Reifegrad 29, 43
Reis 26
Reiseirrigator 20
Reisepaket 33
Reizzone 25
Restaurant 30, 33, 75
Rheuma 11, 12
Rohkost 28, 46, 100
Rohmilch 40
Roiboos 17
Rosmarin 61
Rote-Bete-Charge 104
Rukolasprossen 47

Saft, frisch gepresster 48
Sahne 26, 40, 75
Saisonkalender 44 f.
Salamibrötchen 27
Salate 59 f.
Samen 62
Sauerkraut 50
Sauna 129
Säure-Basen-
  Pyramide 125
Säure-Basen-Tabellen 40

Säurebildner 10, 26, 125
  außerhalb der
  Ernährung 27
  Wiederaufnahme in den
  Speiseplan 126
Säuredepots 117
Säurefallen 35, 72
Säureüberschuss 117
Schichtarbeit 24
Schlaf 24, 78
  Mangel 68
Schlafumgebung 25
Schokolade 37, 70
Schwefelung 55
Schwimmen 23, 129
Seifenmassage 69, 129
Selbstheilkräfte 123
Sesam, Mineralien-
  gehalt 42
Sesamsaat 41
Siebeinsatz 46
Snacks, basische 36, 73
Soja und Sojaprodukte 40
Sonnenblumenkeim-
  linge 47
Sonnengruß 81
Sonnenvitamin 42
Sportstudio 23
Sprossen 29, 42, 47,
  61 f., 71
Stoffwechsel
  im Laufe der
  Jahreszeiten 43
  Auswirkung von
  Nahrungsmitteln 40
Stoffwechsel-
  störungen 121
Störzone 25

Stress 10, 27, 37
Stuhlgang 17
Süßes beim
  Basenfasten 52
Süßigkeiten 26 f.

Tagesprofil des Urin-pH
  118
Tageszeit für Rohkost 52
Tai Chi 23
Tees 17
Teesorten 65
Teltower Rübchen 102
Thermalbäder 128
Thymian 61
Tiefkühlkost 51
Tofu 40
Tonerde 130
Trinken von Säften 48, 96
Trinkmenge 16, 36
Trink-Wecker 37

Trockenobst 55, 73

Verlängerungswoche 124
Verlaufskontrolle 118 f.
Verstopfung 12, 87
Vitamin D 42
Vollkornprodukte 26
Vorbereitung auf das
  Basenfasten 68

Wacker-Regeln 28
Walken 22
Walnüsse 64
Wasser 16, 65
  heißes 17, 96
Wasseranwendungen 128
Wechseljahres-
  beschwerden 11 f.
Weinen bei Colon-Hydro-
  Therapie 22
Weizen 49

Wellness im Hotel 35
Wochenmarkt 79
Wurst 26
Wutanfälle 22

Yoga 20, 23, 128
  »die Kerze« 20
  »Sonnengruß« 81

Zeitmanagement 30, 35
Zigaretten 70
Zivilisationskost 10
Zucker 49, 50
Zusätze im
  Einlaufwasser 20
Zusatzstoffe von
  Fertigprodukten 49
Zwischenmahlzeiten 55,
  52, 71, 73, 75. 99
Zyklusstörungen 11

Impressum

Bibliografische Information der Deutschen Nationalbibliothek
Die Deutsche Nationalbibliothek verzeichnet diese Publikation in der Deutschen Nationalbibliografie;
detaillierte bibliografische Daten sind im Internet über http://dnb.d-nb.de abrufbar

---

3., überarbeitete Auflage
© 2010 TRIAS Verlag in MVS
Medizinverlage Stuttgart GmbH & Co. KG.,
Oswald-Hesse-Str. 50, 70469 Stuttgart
Printed in Germany

Programmplanung: Dr. Elvira Weißmann-Orzlowski
Bearbeitung: Sabine Seifert · Satz/Grafik/Lektorat
Umschlaggestaltung und Layout:
CYCLUS · Visuelle Kommunikation, 70186 Stuttgart
Satz: Sabine Seifert, 70327 Stuttgart
Satzsystem: QuarkXPress
Druck: AZ Druck und Datentechnik GmbH,
Kempten

Gedruckt auf chlorfrei gebleichtem Papier

ISBN 978-3-8304-3561-7   1 2 3 4 5

Bildnachweis:
Umschlagfoto:Corbis
Fotos im Innenteil: aid infodienst (S. 44/45),
Carasana Bäderbetriebe (S. 69, 91), creativ collection (S. 19, 35, 38/39, 129), Deutsche Homöopathie Union (S. 93), Peter Dorn (S. 21), Dynamic Graphics (27, 114/115), Jupiter Images (S. 18, 23), MEV (S. 8/9, 43, 108), Möller (S. 25), PhotoAlto (S. 32), Photodisc (S. 12, 16, 34, 37, 66/67, 72, 77, 78, 83, 85, 94/95, 105, 123), Norbert Reismann (S. 87, 89), Sabine Seifert (S. 20, 81, 125), Thieme Archiv (S. 10), Vegetarisch fit (S. 127), Sabine Wacker (S. 2), alle übrigen: Dagmar Locher

---

Wichtiger Hinweis

Das Werk ist urheberrechtlich geschützt. Nachdruck, Übersetzung, Entnahme von Abbildungen, Wiedergabe auf photomechanischem oder ähnlichem Wege, Speicherung in DV-Systemen oder auf elektronischen Datenträgern sowie die Bereitstellung der Inhalte im Internet oder in anderen Kommunikationsdiensten sind ohne vorherige schriftliche Genehmigung des Verlages auch bei nur auszugsweiser Verwertung strafbar.

Die Ratschläge und Empfehlungen dieses Buches wurden von Autor und Verlag nach bestem Wissen und Gewissen erarbeitet und sorgfältig geprüft. Dennoch kann eine Garantie nicht übernommen werden. Eine Haftung des Autors, des Verlages oder seiner Beauftragten für Personen-, Sach- oder Vermögensschäden ist ausgeschlossen.

Sofern in diesem Buch eingetragene Warenzeichen, Handelsnamen und Gebrauchsnamen verwendet werden, auch wenn diese nicht als solche gekennzeichnet sind, gelten die entsprechenden Schutzbestimmungen.